Udo Berning
Elisabeth Mehrmann

Microsoft Project für Windows Einsteigen leichtgemacht

Udo Berning
Elisabeth Mehrmann

Microsoft Project für Windows

Einsteigen leichtgemacht

Die Deutsche Bibliothek - CIP-Einheitsaufnahme

Berning, Udo:
Microsoft project für Windows : Einsteigen leicht gemacht /
Udo Berning ; Elisabeth Mehrmann.
ISBN 978-3-528-05180-8 ISBN 978-3-663-14023-8 (eBook)
DOI 10.1007/978-3-663-14023-8
NE: Mehrmann, Elisabeth:

Dieses Buch ist keine Original-Dokumentation der Firma Microsoft. Sollte Ihnen dieses Buch anstelle der Original-Dokumentation zusammen mit Disketten verkauft worden sein, welche die entsprechende Microsoft-Software enthalten, so handelt es sich wahrscheinlich um eine Raubkopie der Software.
Benachrichtigen Sie in diesem Fall umgehend Microsoft GmbH, Edisonstr. 1, 8044 Unterschleißheim - auch die Benutzung einer Raubkopie kann strafbar sein.

Verlag Vieweg und Microsoft GmbH

Das in diesem Buch enthaltene Programm-Material ist mit keiner Verpflichtung oder Garantie irgendeiner Art verbunden. Die Autoren und der Verlag übernehmen infolgedessen keine Verantwortung und werden keine daraus folgende oder sonstige Haftung übernehmen, die auf irgendeine Art aus der Benutzung dieses Programm-Materials oder Teilen davon entsteht.

Ursprünglich erschienen bei Friedr. Vieweg & Sohn Verlagsgesellschaft mbH, Braunschweig/Wiesbaden, 1992
Softcover reprint of the hardcover 1st edition 1992

Umschlagsgestaltung: Schrimpf & Partner, Wiesbaden

Gedruckt auf säurefreiem Papier

ISBN 978-3-528-05180-8

Inhaltsverzeichnis

Vorwort

Die Planung, Steuerung und Überwachung von Projekten ist eine Aufgabe, die bisher nur ungenügend durch EDV-Werkzeuge oder Vorgehensmodelle unterstützt wurde. Microsoft hat mit seinem Tool Microsoft Project einen Weg beschritten, der zeigt, wie fortschrittlich, übersichtlich und einfach das Projektmanagement maschinell zu unterstützen ist. Mit diesem Programm fällt es leicht, Projektpläne zu erstellen, zu aktualisieren, zu planen und zu dokumentieren.

Microsoft Project für Windows™ hilft Ihnen dabei, Projekte

⇨ realistisch nachzubilden,

⇨ zu aktualisieren und zu überwachen,

⇨ Problemanalysen und -prognosen vorzunehmen sowie

⇨ Berichte über den Projektzustand zu erstellen.

Microsoft Project für Windows™ zeichnet sich durch eine interaktive, graphisch orientierte Benutzeroberfläche aus, die durch eine Vielzahl von Darstellungsmöglichkeiten das Projektmanagement wesentlich vereinfacht. Microsoft hat mit Microsoft Project für Windows™ Version 3.0 ein Projektplanungsprogramm vorgestellt, daß für die Benutzeroberfläche Windows entwickelt wurde. Die neue Version 3.0 nutzt bereits die erweiterten Möglichkeiten der neuen Windows Version 3.1 aus. Damit verfügt Microsoft Project auch über alle Vorteile von Windows hinsichtlich einer einheitlichen Benutzeroberfläche und Druckerschnittstelle sowie einem einheitlichen Hilfesystem. Inhaltlich können nun bis zu zwanzig Projekte gleichzeitig geöffnet werden. Mit 9999 Vorgängen und ebensovielen Ressourcen lassen sich auch größere Projekte abwickeln.

Ziel dieses Buches ist es, Einsteigern an Hand von Beispielen die grundlegenden Möglichkeiten von Microsoft-Project aufzuzeigen. Es wurde jedoch darauf verzichtet, Grundkenntnisse im Umgang mit einem Personal Computer zu vermitteln, da wir davon ausgehen, daß Projektmanager und ihre Mitarbeiter den PC mittlerweile als eine Art verlängerten Bleistift betrachten.

Wir wünschen Ihnen viel Erfolg bei dem Durcharbeiten des Buches und der Projektplanung mit Microsoft Project für Windows™.

Bonn, im Juni 1992

Udo Berning
Elisabeth Mehrmann

Hinweise

In diesem Buch werden folgende Schreibweisen und Begriffe verwendet:

Befehls- und Menünamen

Der Name des jeweiligen Befehls erscheint mit großen Anfangsbuchstaben hinter dem Namen des Menüs, in dem er enthalten ist. Sowohl Menü- als auch Befehlsnamen werden in **Fettdruck** dargestellt. Beispiel: Zur Anwendung des Filters ist im Menü der Punkt **Filter** und **Überziehung Kostenplan** auszuwählen.

Tastennamen/Tastatur

Zu betätigende Tasten werden als grafische Symbole dargestellt. Beispielsweise wird die Taste [RETURN] durch das Symbol ↵, die Cursortasten durch die Symbole ←, →, ↓, ↑ und die Umschalttaste (Shift) durch das Symbol ⇧ dargestellt.

Eingaben und Auswahlfelder

Kursive Schrift wird verwendet, um zu tätigende Eingaben zu kennzeichnen. So bedeutet beispielsweise *WINPROJ DATEINAME*, daß *WINPROJ*, gefolgt von einem entsprechenden *DATEINAME* eingegeben werden muß. Beispiel: *WINPROJ FABRIK.*

Namen für Auswahlfelder in Eingabemasken oder Dialogboxen werden kursiv und fett dargestellt. In der Dialogbox des Menüpunktes **Layout** wäre dies z.B. das Feld ***Seitenrand.*** In gleicher Weise werden Bezüge auf Felder in Bildschirmdarstellungen hervorgehoben, z. B. ***Seitenwände erstellen.***

Hinweise

Querverweise auf andere Kapitel werden unterstrichen dargestellt.

Befehle und Programmnamen aus dem Betriebssystem MS-DOS.

Befehle und Programmnamen aus dem Betriebsystem MS-DOS werden in Großbuchstaben geschrieben und sind nach der DOS-Eingabeaufforderung einzugeben. Beispiel:für einen Befehl ist DISKCOPY *A: A:*, Beispiel für einen Dateinamen ist AUTOEXEC.BAT.

1 Einstieg in MS-Project

Der Aufbau dieses Buches orientiert sich an den Abläufen von Microsoft Project für Windows™, im folgenden kurz MS-Project genannt. Dies beginnt mit der Installation und geht über in einen Detaillierungsgrad, der aufzeigen soll, wie die Möglichkeiten des Programms an eigene Gegebenheiten anzupassen sind, um die Leistungsfähigkeit voll ausnutzen.

Die einzelnen Kapitel beginnen mit einer kurzen Beschreibung des Inhalts. Auf wichtige Fakten wird mit Marginalien hingewiesen. Damit wird ein schneller und zusammenfassender Eindruck vom Inhalt eines oder mehrerer Absätze möglich.

Marginalien

Die Schritte werden, entsprechend für die Tastatur oder Mauseingabe erläutert. Diese Stellen werden neben Text durch ein entsprechendes Bild gekennzeichnet.

Abschnitte mit wichtigen Hinweisen werden durch ein Ausrufungszeichen neben dem Text gekennzeichnet.

Auf spezielle Tips und Tricks im Umgang mit MS-Project wird durch die Darstellung eines waagerechten Pfeils neben dem Text hingewiesen.

Hinweise auf Bearbeitungsschritte erfolgen durch die Darstellung einer Hand neben dem Text

Bildschirmdarstellungen sollen die besprochenen Arbeitsschritte verdeutlichen. Hierzu sind sie mit in den Text integriert.

1.1 Einrichten von MS-Project für Windows

Die Firma Microsoft liefert MS-Project auf 1,2 MByte großen 5 ¼ Zoll oder 720 KByte 3 ½ Zoll Disketten aus.

Für Programmpakete, die auf 5 ¼ Zoll-Disketten ausgeliefert werden, sind dies :

1. die Einrichtungsdiskette,
2. eine Dokumentationsdiskette und
3. je nach Diskettengröße zwei bzw. vier Dienstprogrammdisketten.

Bei 3 ½ Zoll Disketten liegen bedingt durch die geringere Speicherkapazität mehr Dienstprogrammdisketten vor.

Auf der Einrichtungsdiskette befinden sich neben der Datei PACKING.LST, die Dateien README.DOC und MEMORY.DOC.

Lesen Sie diese Dateien vor dem Start der Installation gründlich durch.

Über den Befehl

TYPE ***Dateiname*** | MORE

lassen sich die Dateien bildschirmweise ausgeben. Den Trennstrich erhält man, indem man die Taste [Alt] gedrückt hält und auf der numerischen Tastatur nacheinander die Zahlen [1], [2] und [4] eingibt..

Ausdrucke können mit dem Befehl

COPY ***Dateiname*** PRN:

auf dem angeschlossenen Drucker erfolgen. Wird eine andere Druckerschnittstelle benutzt, ist "PRN" durch die entsprechende Gerätekennung (z.B. LPT1, LPT2, COM1, COM2) zu ersetzen.

1.2 Erstellen von Sicherungskopien

Wie bei jedem neuen Programm sollten auch von MS-Project Sicherheitskopien der Systemdisketten angefertigt werden. Hierzu kann der MS-DOS-Befehl DISKCOPY wie folgt genutzt werden:

Vorgehensweise:

1. Die zu kopierende Diskette in das entsprechende Diskettenlaufwerk, beispielsweise A:, einlegen und
2. DISKCOPY *A: A:*

Vom DOS-Prompt den Befehl mit der Taste ↵ starten.

Das System fordert zum Einlegen der Quelldiskette, in diesem Fall ist das eine der MS-Project-Disketten, auf. Nach einer kurzen Lesezeit auf dem Laufwerk ist die Zieldiskette einzulegen. Diese wird dann mit den gelesenen Daten beschrieben. Da bei diesem Vorgang jeweils nur Teile der Quelldiskette gelesen werden, ist es notwendig die Disketten mehrmals auszutauschen.

1.3 Systemanforderungen

Um mit MS-Project effizient arbeiten zu können, sind bestimmte Anforderungen an Hard- und Software zu stellen. Diese sind im einzelnen nachfolgend beschrieben.

Ein IBM-AT bzw. PS/2 oder ein entsprechend kompatibler PC mit mindestens einem 80286-Prozessor. Besser ist ein 80386- bzw. 80386SX- oder ein 80486-Prozessor. An Hauptspeicher sollten für Windows mindesten 2 MB zur Verfügung stehen.

Die Version 3.0 arbeitet nicht mehr im Real-Modus von Windows !

Auf der Festplatte des PC's sollten noch 5 bis 10 MB freier Speicherplatz zur Verfügung stehen. Auch ein Diskettenlaufwerk ist zur Installation und späteren Datensicherung erforderlich.

Zur besseren Handhabung des Programms ist die Verwendung einer Maus unbedingt zu empfehlen. Zwar sind alle Befehle in MS-Project auch über die Tastatur auszuführen, besser ist jedoch eine kombinierte Nutzung von Maus und Tastatur.

Bei der Tastatur sollte eine MF2-Tastatur mit separatem Cursor und Positionierungsblock eingesetzt werden. Wichtig ist, daß die Tastatur über 12 Funktionstasten verfügt, da MS-Projekt die elfte und zwölfte Funktionstaste mit Steuercodes belegt hat.

Mindestens eine hochauflösende und von Windows unterstützte Grafikkarte (z.B. Hercules, EGA, VGA) ist erforderlich. Es empfiehlt sich ein Farbbildschirm mit VGA-Auflösung, da hierdurch die Darstellungen unter Windows übersichtlicher sind.

Unter MS-Project für Windows ist jeder von Windows unterstützte Drucker einsetzbar.

Als Betriebsystem wird MS-DOS bzw. PC-DOS ab Version 3.1 gefordert.

Sie müssen mit Windows 3.0 oder höher auf Ihrem PC arbeiten. Ab Windows 3.0 erfolgt die optimale Ausnutzung des Hauptspeichers selbständig. Von Vorteil ist der Einsatz von MS-DOS 5.0 oder anderen Betriebsystemprogrammen die es erlauben die unterschiedlichen Speicherarten (Expanded bzw. Extended Memory) besser auszunutzen.

Bei MS-Project wurde Microsoft durch lizenzrechtliche Gründe gezwungen einen Versionssprung von MS-Project 1.0 auf MS-Project 3.0 vorzunehmen.

Die Einrichtung von MS-Project gestaltet sich sehr einfach. Entsprechend der vorhandenen Systemkonfiguration erfolgt eine Anpassung des Programms. Änderungen können später jederzeit vorgenommen werden. Bei der Einrichtung werden alle benötigten Programmdateien auf die Festplatte kopiert. Hierzu sollten nur die Sicherheitskopien verwendet werden!

MS-Project ist speziell für die erweiterten Möglichkeiten der Benutzeroberfläche Windows von der Firma Microsoft entwickelt worden. Aus diesem Grund sollte Windows bereits auf dem Rechner installiert sein. Eine vollständige Version der Benutzeroberfläche Windows ist ab Version 3.0 zwingend erforderlich, da zum Lieferumfang von MS-Project keine Windows-Runtime-Version gehört, die ein Arbeiten aus dem DOS-Betriebssystem heraus ermöglicht.

1.4 Installieren des Programms

Die Installation erfolgt von einem Diskettenlaufwerk. Hierzu ist die Einrichtungsdiskette in das Floppylaufwerk mit der entsprechenden Diskettengröße einzulegen und wie folgt zu verfahren:

Vorgehensweise:

1. Starten Sie Windows
2. Rufen Sie unter dem Menüpunkt **Datei Ausführen** auf
3. Starten Sie das SETUP-Programm von der Diskette durch die Eingabe des Diskettenlaufwerks gefolgt von SETUP (siehe Abb. 1-1).
4. Die nun folgenden Abfragen des Programms sollten entsprechend der eingesetzten Konfiguration beantwortet werden.

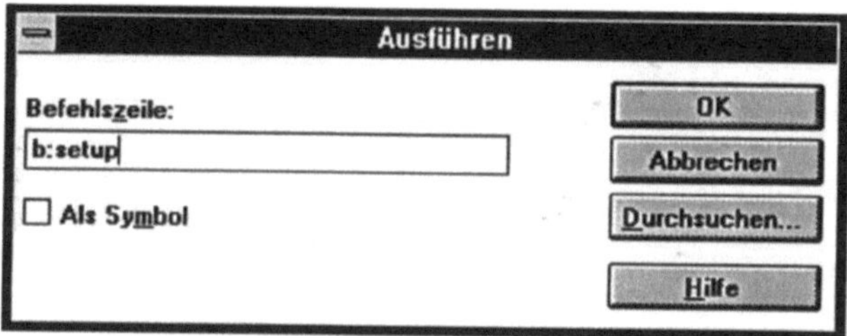

Abb. 1-1: Dialogbox in Windows zur Programm-Installation

Netzwerk

Bei Netzwerkinstallationen muß im Setup-Programm der Netzwerktyp angegeben werden. Wird nach dem Namen des Verzeichnisses gefragt, in dem MS-Project installiert werden soll, so ist das Netzwerkverzeichnis anzugeben. In diesem Zusammenhang ist auf die Schreib- / Lesezugriffsrechte zu achten!

Während der Installation stehen über die Hilfetaste [F1] Informationen zu dem jeweiligen Schritt zur Verfügung. Die [F3]-Taste führt zu einem Abbruch des Programms. Um zu einem vorherigen Installationsschritt zu gelangen, ist [Esc] zu drücken. In den Bildschirmmenüs erfolgt die Auswahl durch die Anwahl eines Punktes mit den Pfeil- bzw. Cursortasten [↑] oder [↓] und die Bestätigung durch [↵].

Das Setup-Programm schlägt bei Eingabefeldern Werte vor. Diese können entsprechend den eigenen Anforderungen geändert werden, wodurch Einfluß auf die Installation genommen werden kann. Ein Beispiel hierfür ist die Angabe des MS-Project-Verzeichnisses.

Ist bereits mit einer früheren Version vom MS-Project für DOS, ohne die Benutzeroberfäche Windows, gearbeitet worden und es liegen schon Projektdaten vor, können diese direkt übernommen werden. Auch Projektdaten von MS-Project für DOS lassen sich übernehmen.

Wurde die Installation erfolgreich abgeschlossen, verzweigt das Setup-Programm in das MS-Project-Verzeichnis.

2 Kurzüberblick über Windows

Mit Windows steht eine Betriebssystemerweiterung zu Verfügung, die die Leistungsfähigkeit der Personal Computer besser ausnutzt und die Handhabung erheblich vereinfacht. Mit Windows wurde eine unkomplizierte und leicht erlernbare Benutzeroberfläche mit vielen technischen Möglichkeiten, wie Multitasking oder der Datenaustausch mit unterschiedlichen Programmen, geschaffen. Zudem übernimmt Windows 3.0 schon Aufgaben, die sonst von dem Betriebssystem übernommen werden. So verwaltet Windows den Hauptspeicher, die Disketten und Festplattenlaufwerke, die Drucker, die Bildschirmsteuerung und koordiniert die CPU-Zeit auf verschiedenen Programmen.

Multitasking und Datenaustausch

Mehrere Anwendungen auf dem Rechner

Ist man unter dem Betriebssystem DOS noch gewohnt mit nur einem Anwendungsprogramm zu kommunizieren, so können unter Windows mehrere Anwendungsprogramme ihre Daten gleichzeitig auf dem Bildschirm bereitstellen.

Multiprojektmanagement

Davon profitiert auch der Anwender des Programms MS-Project, dem dadurch die Möglichkeit des Multiprojektmanagements eröffnet wird. MS-Project für Windows war speziell an die grafische Benutzeroberfläche von Windows angepaßt. Die neue Version MS-Project 3.0 nutzt diese Möglichkeiten noch konsequenter und wurde in seinem Aufbau bereits an die neue Windows Version 3.1 angepaßt. Durch die Gliederung in Fenster, Symbole, Bildlaufleisten und Dialogfelder wird die Bearbeitung erheblich vereinfacht. Die Steuerung erfolgt über eine Maus oder die Tastatur.

2.1 Fenstertechnik

Durch die Verwendung der Fenstertechnik (Fenster = engl. Window), die der Oberfläche ihren Namen gab, besteht die Möglichkeit, in einzelnen Bildschirmausschnitten unterschiedliche Programme, Statusmeldungen usw. gleichzeitig darzustellen. Fenster lassen sich am Bildschirm vergrößern, verkleinern oder horizontal bzw. vertikal verschieben. Durch die Bildlaufleisten der Fenster ist es möglich den Inhalt eines Fensters zu verschieben. Hierzu kann mit dem Mauszeiger ein Pfeil "angeklickt", d.h. die linke Maustaste gedrückt werden. Alternativ kann das Bildrollfeld bei gedrückter Maustaste auf eine andere Position gezogen werden. Werden am Bildschirm mehrere Fenster angezeigt, so ist immer nur ein Fenster zur Bearbeitung aktiv. Auf Rechnern mit 80386- oder höheren Prozessortypen ist es möglich, durch die Multitaskingfähigkeit von Windows mehrere Programme gleichzeitig auszuführen. Diese laufen dann in unterschiedlichen Fenstern gleichzeitig ab. Fenster lassen sich zu Symbolen verkleinern oder auf die volle Bildschimgröße erweitern. Hierzu dienen die Symbolfelder in der rechten oberen Ecke des Fensters.

Symbole/Icons

Wird das Symbolfeld angeklickt, stellt Windows das Fenster als Symbol dar.

Entsprechend wird bei dem Vollbildfeld das Fenster auf die volle Bildschirmgröße vergrößert. In diesem Fall kann durch Anklicken des Wiederherstellungsfelds die alte Bildschirmgröße wieder hergestellt werden. Das Wiederherstellungsfeld befindet sich als rechtes Sinnbild (ein nach oben gerichteter Pfeil) in der rechten Ecke der Titelleiste. Durch das Anklicken mit der Maus ändert dieses Sinnbild sein Aussehen in zwei nach oben und unten gerichtete Pfeile. Das Fenster wird dann auf Bildschirmgröße erweitert. Durch nochmaliges Anklicken des Sinnbildes mit der Maus wird der ursprüngliche Fensteraufbau wieder hergestellt.

Ein Anklicken des inneren Sinnbildes (Pfeil nach unten) läßt das Fenster verschwinden. Nun erscheint in der unteren linken Bildschirmecke ein Symbol (Icon), das den Fensterinhalt repräsentiert. Durch einen Doppelklick auf dieses Symbol wird das Fenster wieder erstellt. Mit diesen Möglichkeiten können auf dem Bildschirm mehrere Fenster angeordnet werden.

Ein aktives Fenster wird entsprechend der Farbeinstellung in der Titelleiste angezeigt. Gleichzeitig wird der Programmname eines Symbols im Fenster dunkel unterlegt.

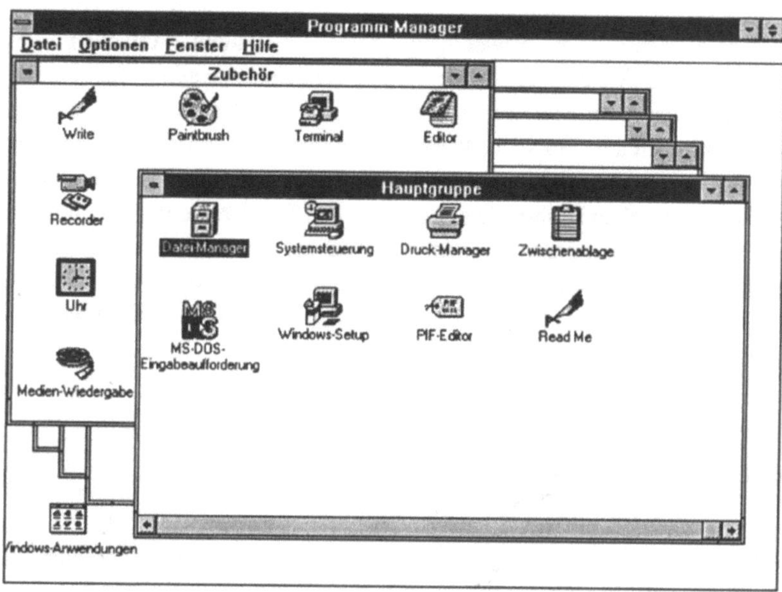

Abb. 2-1: Beispiel eines Windows-Startbildschirms

Hauptbestandteil eines Windows-Bildschirms ist der Programmanager, über den die Steuerung von Windows erfolgt. Anwendungsprogramme lassen sich in Programmgruppen zusammenfassen. Vorgegeben sind die Gruppen ***Zubehör***, ***Setup*** und ***Hauptgruppe***. Über den Menüpunkt **Datei Neu** können neue Gruppen definiert oder weitere Programme installiert werden. Die Gruppe Zubehör beinhaltet nützliche Hilfsprogramme wie ***Write*** zum Schreiben von kurzen Texten, einen Taschenrechner und das Zeichenprogramm ***Paintbrush***.

2.2 Symbole (Icons)

Auf den Speichermedien befindliche Programme - aufgeteilt beispielsweise in Hauptgruppe, Windowsanwendungen, Zubehör und andere Anwendungen - werden am Bildschirm in Form von Symbolen dargestellt. Entsprechend des Programmtyps erfolgt die Symboldarstellung.

Wurde ein Programm in einem Fenster aktiviert, kann es durch das Symbolfeld verkleinert werden. In diesem Fall erscheint es als Symbol unter den Fenstern. Programmsymbole stehen für Anwendungsprogramme die durch Anklicken im Programmanager gestartet werden können. Anwendungssymbole stehen für Anwendungsfenster, die durch Anwählen des Menüpunktes Symbol auf Symbolgröße verkleinert wurden. Die Fenster verschwinden vom Monitor und ein kleines Symbol erscheint im unteren Bildschirmbereich. Ein so verkleinertes Anwendungsfenster kann jederzeit wieder in die Ursprungsgröße vergrößert werden, da alle Daten und Einstellungen erhalten bleiben. Dies bedeutet, daß Programme und Dokumente nicht geschlossen werden, sondern nur Platz auf der Bedienungsoberfläche geschaffen wird. Im Multitaskingbetrieb laufen diese Programme sogar im Hintergrund weiter. Ein Dokumentensymbol steht für ein Dokumentenfenster, das durch den Anwender verkleinert wurde.

2.3 Menübefehle

Die Menüleiste ist unter Windows oberhalb der Titelleiste angeordnet. In dieser Menüleiste sind die Windows-Befehle in Gruppen zusammengefaßt. Hierbei kann jedes Anwendungsfenster andere Befehlsgruppen enthalten. Das Steuerungs-Menü ist jedoch in allen Windows-Fenstern gleich.

Zur Ansteuerung eines dieser Menüs klickt man mit der Maus auf einen Menünamen, worauf das Menü erscheint (Pull-down-Menü). Werden Befehle farblich schwächer dargestellt, so bedeutet dies, daß dieser Befehl zur Zeit nicht ausgeführt werden kann.

Mit einem Mausklick außerhalb der Menüleiste kann das Pull-down-Menü verlassen werden ohne einen Befehl auszuführen.

Pop-up-Menü

Manche Befehle benötigen vor der Ausführung zusätzliche Informationen. Dies wird mit Punkten (...) hinter den Befehlsnamen kenntlich gemacht. Zur Informationsaufnahme wird unter Windows dann eine Dialogbox geöffnet (Pop-up-Menü), in die dann die entsprechenden Informationen eingegeben werden können. Diese Pop-up-Menüs können die folgenden Eingabeelemente enthalten:

- ⇨ Eingabefeld: Rechteckiges Feld zur Eingabe von Daten
- ⇨ Listenfeld: Eingerahmter Bereich, in dem aus einer Liste mit Hilfe einer Bildlaufleiste eine Auswahl getroffen werden kann.
- ⇨ Rundes Opitionsfeld (Pushbutton): Werden für verwandte Einstellungen angeboten; jeweils eine kann gewählt werden.
- ⇨ Viereckiges Optionsfeld: Quadratisches Feld zur Aktivierung oder Deaktivierung einer Option. Hier können mehrere Felder gewählt werden.
- ⇨ Schaltfläche: Rechteckige Fläche mit der Angabe der Aktionsart.
- ⇨ Stehen in einem Editierfeld nur begrenzte Eingabemöglichkeiten zur Verfügung, kann eine Auswahlliste durch einen Mausklick auf das Feld "Pfeil nach unten" im oberen linken Fenstereck angezeigt werden und eine Option ausgewählt werden.

2.4 Programme aus Windows starten

Der Programmstart aus der Benutzeroberfläche Windows ist denkbar einfach. Windows zeigt die Symbole der Programme auf der Oberfläche. Durch einen Doppelklick mit der Maus auf ein Icon wird das zugeordnete Programm ausgewählt und gestartet. Die Version 1.0 von MS-Project wurde noch mit einer Runtimeversion, die den Start vom MS-DOS-Prompt aus ermöglichte, ausgeliefert. Ab Version 3.0 ist die Nutzung von Windows zwingend notwendig.

3 Überblick Projektmanagement

Der Prozentsatz von Projekten, die beendet werden, ohne daß der festgesetzte Zeitpunkt oder der Kostenrahmen überschritten wird, ist immer noch gering. Die Gründe liegen meist in dem mangelnden oder fehlenden Projektmanagement. MS-Project kann zwar das Projektmanagement nicht ersetzen, bietet jedoch ein komfortables Hilfsmittel zur Projektplanung und Projektsteuerung. Eine vernünftige administrative Unterstützung der Projektüberwachungsaufgaben ist umso wichtiger, da es sich bei Projekten immer um einmalige Aufgabenstellungen handelt, die zumeist mit sehr hohen Investitionsvolumina verbunden sind. Schon oft genug sind ganze Unternehmensgruppen an falschen Projektentscheidungen zugrunde gegangen, da die Verantwortlichen nicht ausreichend früh über ein sich fehlentwickelndes Projekt informiert worden sind.

Mit MS-Project lassen sich Projekte unterschiedlicher Projektgröße erfassen und der Zeit- und Kostenrahmen überwachen. Als Verfahren wird die CPM-Methode (Critical-Path-Method) zur Berechnung der Gesamtdauer auf der Basis des Zeitbedarfs einzelner Vorgänge verwendet. Dabei wird durch die Verwendung von Windows eine einfache Bedienung mit geringer Einarbeitungszeit gewährleistet. Die vielfältigen Import- und Exportfunktionen erlauben eine einfache Übernahme oder Übergabe von Daten an andere PC-Programme. Elf unterschiedliche Darstellungsformen, in MS-Project Ansichten genannt, bilden die Basis, Informationen eindeutig darzustellen.

3.1 Entwicklung des Projektmanagements

Die Entwicklung des Projektmanagements ist eng mit der Netzplan-Technik verbunden. Unterschiedliche Berechnungsformen wurden entwickelt und bildeten die Basis für die Softwareentwicklung zur Unterstützung von Netzplänen. Die Software ist in diesem Fall nur ein Hilfsmittel, das die Berechnung und Übersicht erleichtert. Unterschieden werden nachfolgende Berechnungs- und Darstellungsformen.

CPM-Methode

CPM-Methode: Schon in den fünfziger Jahren wurde die Methode des Kritischen Pfades (Critical-Path-Method) entwickelt. Grundlage für die Berechnung der Projektgesamtzeit ist hier die einzelne Vorgangsdauer sowie deren Abhängigkeiten zu anderen Vorgängen. Daraus werden sogenannte Vorgangspfade ermittelt, die die Abhängigkeiten darstellen. Der kritische Pfad ist der Pfad, in dem sich Vorgänge nicht verzögern dürfen um den Projektendtermin nicht zu gefährden. Für Vorgänge die nicht zu dem kritischen Pfad gehören werden Pufferzeiten berechnet, die eine zeitliche Verschiebung ermöglichen.

PERT-Technik

PERT-Technik: Die PERT-Technik (Program Evaluation and Review Technique) wurde 1958, als Ereignisknoten-Netzplan, von der US-Navy in Zusammenarbeit mit der Beratungsfirma Boots & Hamilton sowie Lockhead entwickelt. Bei dieser Methode werden für jeden Vorgang eine optimistische, eine wahrscheinliche und eine pessimistische Zeitschätzung durchgeführt. Heutzutage wird der Begriff jedoch meist mit dem PERT-Diagramm oder Netzplandiagramm benutzt. Dabei erfolgt eine graphische Darstellung von Vorgangsbeziehungen.

Gantt-Diagramm

Gantt-Diagramm: Als klassische Darstellungsform wird meist ein Balkendiagramm (Gantt-Diagramm) angewendet. Hier werden die einzelnen Vorgänge oder Aktivitäten durch Balken repräsentiert, die auf einer Zeitachse abgebildet werden.

Nr.	Name	Dauer	7. Juni 7.6.	14. Juni 14.6.	21. Juni 21.6.	28
1	+1 Bauphase	14,39w				
2	-1.1 Vermessen des neuen Fabrikg	2w				
3	-1.2 Erdaushub	3w				
4	-1.3 Bodenplatte betonieren	1,5t				
5	-1.4 Stahlgerüst für die Seitenwänd	1,5w				
6	-1.5 Seitenwände anbringen	2w				
7	-1.6 Zwischenwände mauern	12t				
8	-1.7 Fenster und Türen einbauen	2w				
9	-1.8 Straßen und Gleisbau	1,5w				
10	-1.9 Rohbauabnahme	2t				
11	-1.10 Stromanschlüsse legen	5t				

Abb. 3-1: Beispiel eines Gantt-Diagramms

Ein Balkendiagramm ist, einfach ausgedrückt, der Vorläufer eines Netzplanes, jedoch wesentlich einfacher zu lesen. In einem Diagramm werden die verschiedenen Vorgänge, Tätigkeiten usw. als Balken symbolisiert dargestellt. Diese Balken werden mit einer Zeitachse verknüpft, so daß eine Übersicht über die Art der Tätigkeiten und den Zeitraum der Tätigkeiten gegeben ist.

Diese Zeitachse wird durch den Projektkalender festgelegt. MS-Project nutzt u.a. auch diese Darstellung zum Aufbau, der Überwachung und der Steuerung von Projekten.

3.2 Phasen des Projektmanagements

Ein Projekt gliedert sich in drei allgemeine Phasen:

⇨ Planung,

⇨ Realisation und

⇨ Überwachung.

Mit dem Werkzeug MS-Project lassen sich die oben genannten allgemeinen Projektphasen hervorragend unterstützen.

Planung

Projektplan

Wichtigste Phase einer Projektverwaltung ist die Erstellung eines Projektplans. Dabei werden die Vorgänge mit ihren Vorgabezeiten und ihren Abhängigkeiten festgelegt. Gleichfalls werden benötigte Ressourcen, beispielsweise Mitarbeiter, Maschinen usw., zugeordnet. Alle späteren Phasen beruhen auf diesem Projektplan. In dieser Phase ist besondere Sorgfalt gefordert. Prinzipiell ist die Projektplanung mit diesem Schritt abgeschlossen. In der Praxis treten jedoch naturgemäß während der Realisationsphase immer wieder Änderungen auf, die eine Anpassung des Projektplans notwendig machen. Ziel ist es, während der Realisation Abweichungen vom Ursprungsplan zu erkennen.

Während des gesamten Projektes werden die Informationen des Projektplans ergänzt, um die tatsächlichen Ergebnisse wiederzugeben. Dies sind im allgemeinen die benötigten Ist-Zeiten und der Ressourcenverbrauch. Diese Werte können mit einem Ursprungsprojektplan verglichen werden.

Projektüberwachung

Ebenso wie die Projektüberwachung während der gesamten Projektlaufzeit notwendig ist, ist eine einheitliche Dokumentation des Projektverlaufs erforderlich.

Berichtswesen Dokumentation

Die beschrieben Projektphasen lassen sich durch MS-Project durchgängig und transparent unterstützen. Ein umfangreiches Dokumentationswesen, vielfältige Berichte und Diagramme, ergänzen das Programm.

4 Projektmanagement mit MS-Project 3.0

Das Unternehmen Batta Batterie AG, ein Batteriehersteller, plant den Neubau einer Fertigungsstraße. Eine solche Fertigungsstraße gliedert sich grob in drei unterschiedliche Fertigungsbereiche. In den ersten beiden parallel ablaufenden Fertigungsschritten werden die Kunststoffkästen für die Autobatterien und die Bleiplatten zur Energiespeicherung gegossen. In dem dritten Schritt erfolgt der Zusammenbau der beiden Einzelkomponenten zu einer Batterie. Weitere Verarbeitungsschritte sind die Beschriftung der Batterien oder die Verladung auf Paletten. In dem hier aufgezeigten Fall werden nur die ersten drei Teilschritte betrachtet, da für diese entsprechende Investitionen und Planungsprozesse notwendig sind. Der Schwerpunkt in dem Beispiel liegt auf der Erstellung der Fertigungshallen und der notwendigen Betriebsgebäude. In einer ersten Grobplanung zur Entscheidungsvorbereitung wurden einzelne Projektphasen festgelegt. So sollen die Maschineninstallationen als Unterprojekte abgewickelt werden. Dazu ist ein Abgleich aller benötigten Ressourcen notwendig, um mögliche Überlastungen oder Zeitüberschneidungen sofort zu erkennen. Aus Kostengründen sowie eigener Ressourcenengpässe werden viele der Projektaufträge an Subunternehmer vergeben.

Nachdem der Vorstand den Bau genehmigt hat, möchte der Projektleiter die **Vorgänge** und Aktivitäten mit MS-Project koordinieren.

Hierzu gehört die Einsatzplanung der betriebseigenen Arbeitsgruppen sowie der beauftragten Unternehmen, den **Ressourcen**. Durch den Großauftrag eines Autoherstellers, der die derzeitigen Produktionskapazitäten übersteigt, ist die Produktionsaufnahme vor dem 1. Januar 1993 notwendig.

4.1 Ansichten

Unter MS-Project sind elf unterschiedlich mitgelieferte Darstellungsformen möglich. Hierzu gehören neben den klassischen Darstellungsformen der Gantt- und Netzplan-Diagrammen weitere Ansichten zur Darstellung der Ressourcenbelastung entlang einer Zeitachse und verschiedene Bearbeitungsformulare oder -masken für Vorgänge und Ressourcen, mit denen Informationen verwaltet und bearbeitet werden können.

Ansichten und Darstellungen

Diese Darstellungsformen sind u.a.:

- ⇨ ein Balkendiagramm,
- ⇨ ein Netzplandiagramm,
- ⇨ das Ressourcenblatt,
- ⇨ die Ressourcenmaske,
- ⇨ das Belastungsdiagramm für Ressourcen,
- ⇨ das Vorgangsblatt,
- ⇨ die Maske zur Vorgangseingabe,
- ⇨ die Darstellung einer Vorgangsmaske,
- ⇨ die Anzeige eines Vorgangs im Netzplan.

Diese vom Programm standardmäßig vorgegebenen Darstellungsformen lassen sich an eigene Bedürfnisse anpassen. Viele der mitgelieferten Ansichten sind Einzelansichten, mit denen das gesamte MS-Project-Fenster ausgefüllt werden kann.

MS-Project ermöglicht, von einer Ansichtsdarstellung zu einer weiteren Ansichtsdarstellung zu wechseln. Es können auch zwei Ansichten auf einem Bildschirm dargestellt werden.

Die Kombinationen von Ansichten lassen sich variabel bestimmen. In Ansichtenkombinationen ist das MS-Project-Fenster in zwei übereinanderliegende Ausschnitte unterteilt, die dann jeweils eine Einzelansicht enthalten. Zwischen diesen beiden Ansichten besteht dann eine Beziehung: die untere Ansicht zeigt die Informationen über die in der oberen Ansicht ausgewählten Vorgänge oder Ressourcen an. Zur Anpassung an die eigenen Bedürfnisse können diese über den Menüpunkt **Ansichten** und **Ansicht definieren** neu erstellt, kopiert, gelöscht oder bearbeitet werden. Mit Hilfe dieses Menüs kann von einer Ansicht auf die nächste Ansicht umgeschaltet werden.

Dies ermöglicht dann die Analyse des Projektes aus unterschiedlichen Blickwinkeln. Die Vorgehensweise hierzu wird in dem Kapitel Erstellen eigener Ansichten weitergehend erläutert.

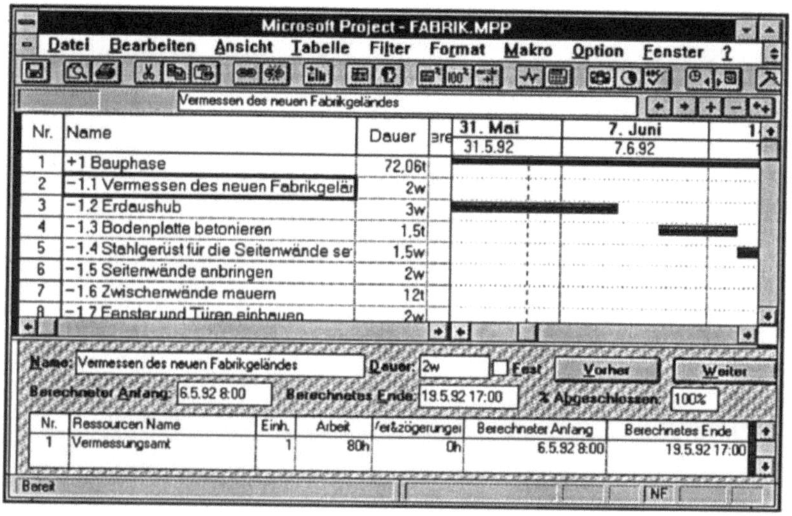

Abb. 4-1: *Der Startbildschirm unter MS-Project*

Bei dem Programmstart von MS-Project erscheint automatisch die Ansicht "Balken-Diagramm" mit dem Diagrammtyp Balken- bzw. Gantt-Diagramm in der oberen und das Vorgangsformblatt in der unteren Fensterhälfte. Besteht zwischen den Ansichten eine Beziehung, wie in diesem Fall der Vorgang im Gantt-Diagramm und dem Vorgangsformular, so zeigt die untere Ansicht jeweils die ausgewählten Informationen der oberen Ansicht an. Auf dem Bildschirm wechselt man zwischen der oberen und unteren Ansicht mit der Taste [F6] oder einem Mausklick in dem entsprechenden Diagramm. Der Erkennungsbalken an der linken Seite des Bildschirms zeigt jeweils an, welche der Ansichten aktiv ist.

In diesem Fall werden für den Vorgang ***Vermessen des neuen Fabrikgeländes*** die Daten im Vorgangsformular angezeigt. Mit der Tastenkombination [⇧]+[F4] kann ein Ausschnitt geschlossen werden.

Das darzustellende Diagramm nutzt dann den gesamten Bildschirm. Geteilt wird ein Bildschirm durch die Tastenkombination [⇧]+[F6] oder indem der Rand der derzeitigen Darstellung mit der Maus angeklickt und bei gedrückter linker Maustaste verschoben wird.

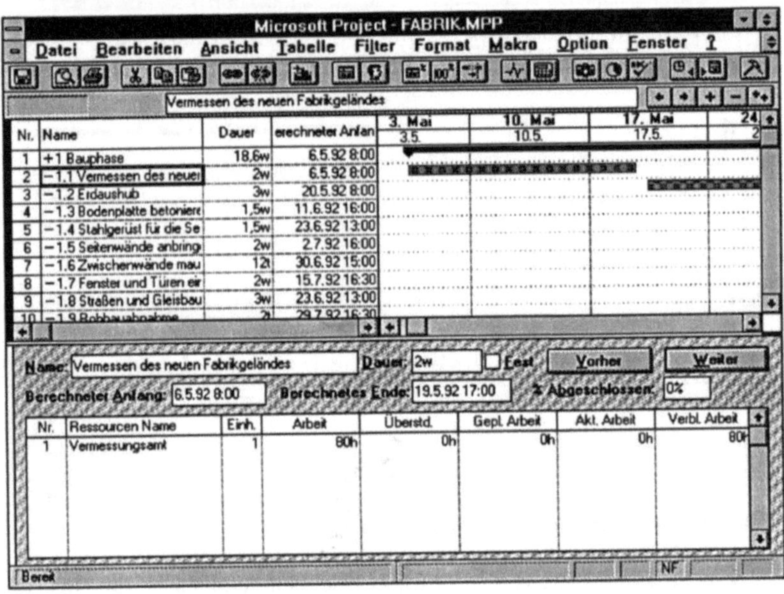

Abb. 4-2: Ansicht vor dem Wechsel

Über den Menüpunkt **Ansicht** kann zwischen unterschiedlichen Ansichten umgeschaltet werden. Ein Wechsel erfolgt, indem die entsprechende Ansicht ausgewählt wird. Hierzu wird mit der Maus oder dem Cursor die gewünschte Ansicht angeklickt. Wird zur Steuerung von MS-Project keine Maus verwendet, erfolgt ein Wechsel in die andere Ansicht mit [F6].

Der aktive Bildschirmbereich wird durch einen schmalen schwarzen Balken am linken Rand der aktiven Ansicht gekennzeichnet.

Innerhalb einer Ansicht, auch der nicht aktiven, wird der ausgewählte Vorgang schwarz hinterlegt angezeigt. In dem aktiven Bildschirmteil erscheint dann die neue Ansicht. Wechselt man in einer Ansichtenkombination eine Teilansicht durch eine Einzelansicht aus, so wird diese in dem bisherigen Bildschirmteil der aktiven Teilansicht dargestellt. Oftmals möchte man aber statt einer Ansichtenkombination nur eine Einzelansicht am Bildschirm darstellen. Um dies zu erreichen kann bei der Auswahl über dem Menüpunkt **Ansicht** während der Bestätigung [⇧] gedrückt werden. In diesem Fall wird die Ansichtenkombination durch die Einzelansicht ersetzt.

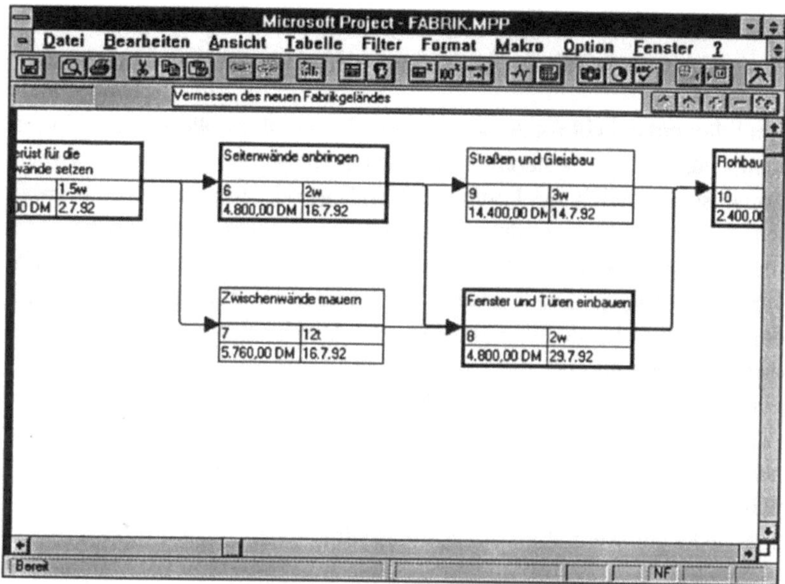

Abb. 4-3: Ansicht "Netzplan" nach dem Wechsel

Die neu ausgewählte Ansicht ersetzt die bisher am Bildschirm angezeigte und aktivierte Ansicht. Die gestrichelte Line am linken Bildschirmrand weist auf einen Seitenwechsel beim Ausdruck hin.

Bearbeitungs-masken

Vorgänge und Ressourcen lassen sich in den Ansichten ***Vorgangsmaske*** und ***Ressourcemaske*** am Bildschirm anzeigen. Bei diesen Darstellungen kann einem Vorgang oder einer Ressource eine Notiz hinzugefügt werden.

Durch den Menübefehl **Format Notizen** erscheint unter der Vorgangs- oder Ressourcenmaske ein Feld *Notizen*. Die Eingaben können mehrzeilig sein, wobei [↵] einen Zeilensprung auslöst. Mit [Tab] und [↵] oder einem Klick auf die Schaltfläche ***OK*** wird die Eingabe beendet.

4.2 Filter

Ein Filter ermöglicht die Ansichten so zu beeinflussen, daß nur noch Informationen, die einer bestimmten Bedingung entsprechen, angezeigt werden. Somit ist es möglich, nur bestimmte Vorgänge oder Ressourcen zu bearbeiten. Vorgänge, die nicht den Filterbedingungen entsprechen, werden nicht mehr angezeigt. Zum Lieferumfang von MS-Project gehören bereits etliche vordefinierte Filter. Die Auswahl erfolgt über den Menüpunkt **Filter** mit der der entsprechende Filter aktiviert wird. Durch einen Klick mit der Maus oder der Auswahl über die Tastatur in der Listenauswahl und der Bestätigung mit einem Klick auf die Schaltfläche [OK] wird ein Filter aktiviert. Aufgehoben werden Filterbedingungen, indem innerhalb des Menüs **Filter** ***Alle Vorgänge*** oder ***Alle Ressourcen*** ausgewählt wird oder [F3] gedrückt wird. MS-Project "merkt" sich den letzten aktivierten Filter und schaltet diesen wieder ein, wenn [Strg]+[F3] gedrückt wird.

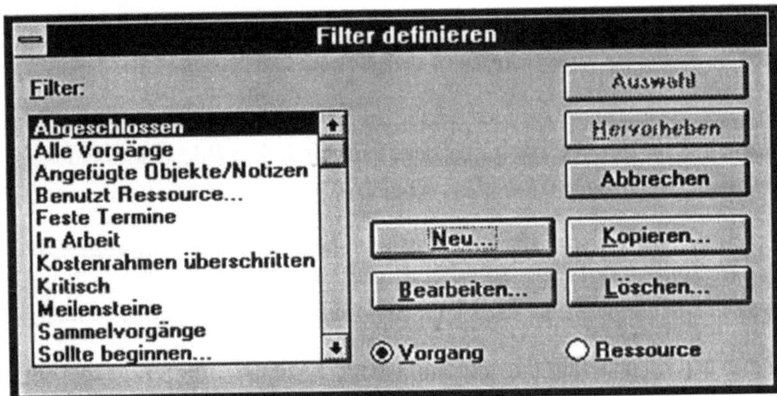

Abb. 4-4: Auswahlbildschirm zu Filterbedingungen

Es können eigene Filterbedingungen erstellt werden Die Vorgehensweise hierzu wird später in dem Kapitel <u>Filter erstellen</u> ausführlicher behandelt.

4.3 Tabellen

Tabellen entsprechen in ihrer Darstellungsform klassischen Tabellenkalkulationsprogrammen. Jede Zeile beinhaltet Informationen über einen Vorgang oder eine Ressource. Spalten zeigen einzelne Feldinhalte, beispielsweise Anfangstermine, Zeiten oder Preise an. Indem eine andere Tabelle auf eine Ansicht angewendet wird, ändert sich die Struktur einer Ansicht, indem andere Spalten oder Felder eines Objektes angezeigt werden.

Tabellen werden im ***Balkendiagramm***, im ***Vorgangsblatt***, im ***Ressourcenblatt*** und der Ansicht ***Einsatz-Ressourcen*** verwendet. Diese Ansichten beginnen mit einer Standardanordnung der Spalten, die jedoch durch das Bearbeiten der entsprechenden Tabelle oder das Anwenden einer anderen Tabelle geändert werden können. MS-Project beinhaltet bereits erstellte Tabellen, die der Anwender benutzen oder ändern kann.

Während bei der Filterfunktion der gesamte nicht zutreffende Vorgang bei der Anzeige unterdrückt wird, können über die Tabellenfunktion bestimmte Felder bzw. Spalten verborgen werden. Tabellen lassen sich durch die Angabe der gewünschten Spalte, die Spaltenanordnung und die Ausrichtung gestalten. Zusammen mit den ***Blattansichten***, also Ansichten in denen Vorgangs- oder Ressourceninformationen als Auflistung angezeigt werden, lassen sich Tabellen hervorragend einsetzen. Dabei kann für jede Spalte ein eigener Spaltentitel angegeben werden. Zusammen mit den Blattansichten und Filtern lassen sich über Tabellen gezielte Informationen über den Projekt-, Vorgangs- und Ressourcenzustand ermitteln. In dem Kapitel <u>Erstellen von Tabellen</u> wird auf diesen Punkt näher eingegangen.

Abb. 4-5: Auswahlbildschirm zu Tabellen

Die Auswahl einer Tabelle erfolgt über den Menübefehl **Tabelle**. Aus der angezeigten Liste in der Dialogbox kann eine Tabelle durch Anklicken mit der Maus oder der Positionierung des Cursors und ↵ angewählt werden. Über die Schaltfläche OK wird die Auswahl bestätigt.

4.4 Die Symbolleiste

Ab der MS-Project Version 3.0 wird zum schnelleren Aufruf von Menüfunktionen eine Symbolleiste unter der Menüzeile angezeigt. Jedem der standardmäßig 22 Symbolbuttons ist eine Menüfunktion zugeordnet, die mit einem einfachen Mausklick auf den Button ausgeführt wird. Die Symbolleiste läßt sich mit dem Befehl **Standardeinstellungen** und ***Symbolleiste anzeigen*** ein- und ausschalten. Voraussetzung für die Nutzung der Leiste ist die Nutzung einer Maus.

4.4.1 Standardbelegung der Symbolleiste

Abb. 4-6: Darstellung der Symbolleiste

Entnehmen Sie die Bedeutung der Symbole bitte der nachfolgenden Zusammenstellung:

Symbol	Bedeutung
	Das Projekt wird gespeichert.
	Zeigt die aktuelle Seite als ***Seitenansicht*** an.
	Startet den Druck der aktiven Ansicht.
	Entfernt markierte Einträge und speichert diese in der Zwischenablage.
	Kopiert markierte Einträge in die Zwischenablage.
	Fügt Einträge aus der Zwischenablage ein.
	Verknüpft markierte Vorgänge.
	Hebt die Verknüpfung markierter Vorgänge auf.
	Zeigt bei Ressourcenansichten die nächste Kapazitätsüberlastung an.

Symbol	Bedeutung
	Zeigt die Eingabemaske des gerade bearbeiteten Vorgangs oder der Ressource an.
	Zeigt das Feld Ressourcenzuordnung an um eine Ressource zu ergänzen.
	Zeigt das Feld Überwachung zur Eingabe von Projektinformationen an.
	Die markierten Vorgänge werden als abgeschlossen gekennzeichnet.
	Berechnet für markierte Vorgänge die Restdauer.
	Der Projektstatus wird angezeigt.
	Startet ein Neuberechung des Projekts.
	Kopiert die aktive Ansicht.
	Startet Microsoft-Graf wenn diese Anwendungssoftware installiert ist.
	Startet die in MS-Project 3.0 Integrierte Rechtschreibprüfung.
	Zeigt eine kleinere Zeiteinheit
	Vergrößert die Zeiteinheit.

4.4.2 Zuordnen anderer Befehle

Den einzelnen Symbolbuttons können neue Funktionen zugeordnet werden. Hierzu wird bei gedrückter Strg-Taste der zu ändernde Button angeklickt.

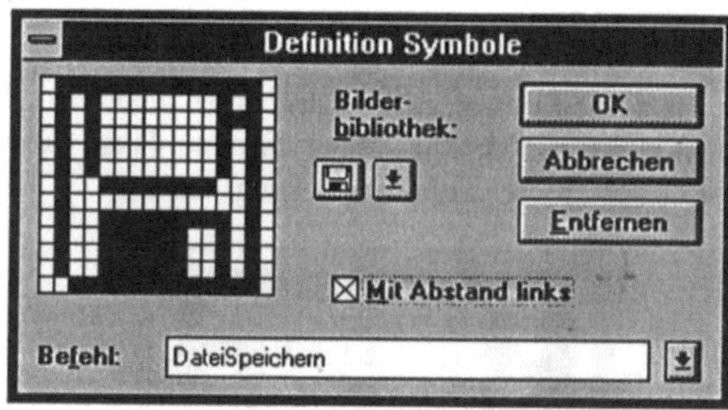

Abb. 4-7: Fenster zur Neubelegung eines Button

Mit der Auswahl ***Befehl*** kann dem Button ein neuer Menübefehl zugeordnet werden (siehe Abb. 4-8 auf der folgenden Seite).

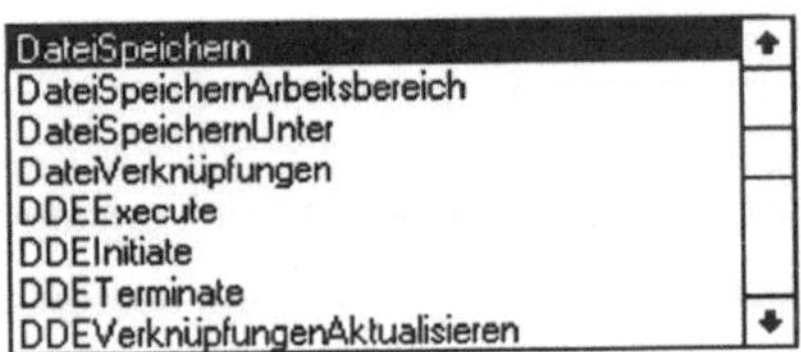

Abb. 4-8: Liste der möglichen Befehle

Ebenso kann aus der ***Bildbibliothek*** ein neues Buttonsymbol eingefügt werden.

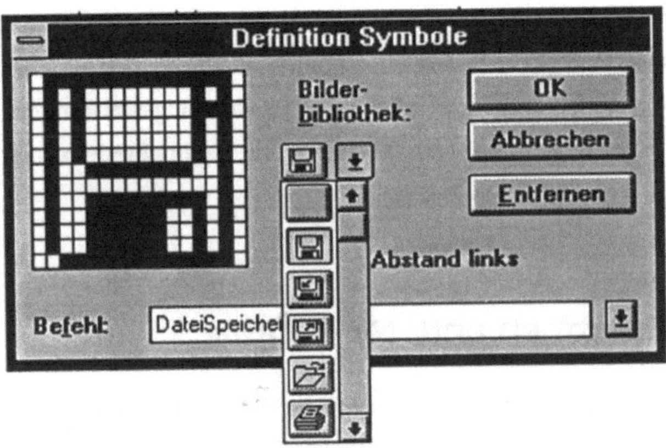

Abb. 4-9: Liste der möglichen Buttonsymbole

Desweiteren läßt sich ein Button im Bitmap-Fenster verändern oder neu gestalten. Dazu können mit der Maustaste einzelne Pixel aktiviert (helle Darstellung) oder deaktiviert (dunkle Darstellung) werden.

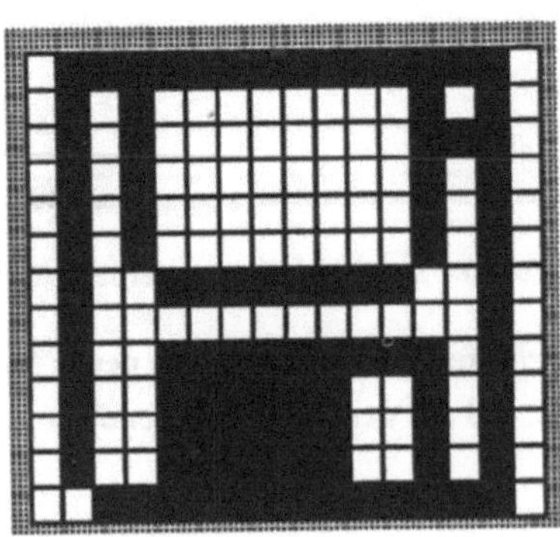

Abb. 4-10 Darstellung der Pixel-Bitmap

4.5 Makros aufrufen

MS-Project wurde in der Version 3.0 um eine Makrofunktion erweitert. Ein Makro ist eine abgespeicherte Folge von Programmbefehlen, die automatisch hintereinander ablaufen. Dadurch lassen sich immer wiederkehrende Programmabläufe mit einem Tastendruck ausführen. Einige Makros werden mit MS-Project ausgeliefert. Diese lassen sich um selbstdefinierte Makros ergänzen. Die Anzahl der definierten Makros ist unbegrenzt; unter dem Menüpunkt **Makro** können jedoch nur 20 angezeigt werden. Ausgeführt wird ein Makro, indem aus dem Menü der Punkt **Makro** angewählt und mit einem Doppelklick eines der angezeigten Makros gestartet wird.

Makros definieren...

- Alle Attribute löschen
- Ausgewählte Vorgänge formatieren
- Change Startup View
- Notizen suchen
- Ressourcenpool nutzende Projekte
- Sammelausdruck
- Vorgangszustand aktualisieren

Abb. 4-11 Anzeige der Makroauswahl

Ein Makro kann einem Symbol auf der Symbolleiste zugeordnet werden. Hierzu wird wie bei der Zuordnung eines Befehls der Button mit Strg+Mausklick angewählt, der umdefiniert werden soll. Die Auflistung der ***Befehle*** in der Dialogbox ***Definition Symbole*** enthält auch die Befehle zum Start der Makros.

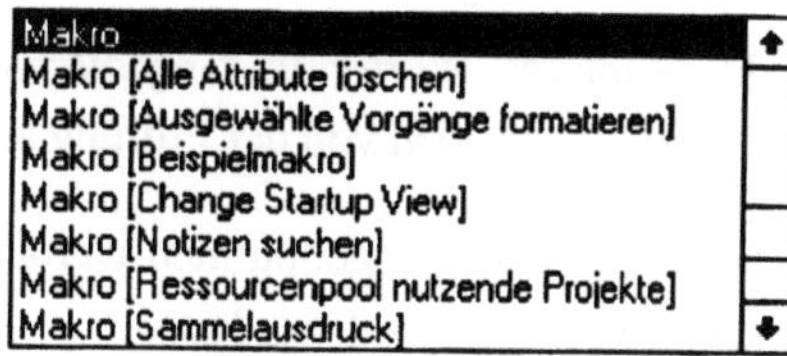

Abb. 4-12: Anzeige der Makroauswahl bei der Symbolzuordnung

Wie Tabellen, Ansichten oder Filter können auch Makros definiert werden. Die Vorgehensweise hierzu wird in dem Kapitel <u>Makros erstellen</u> näher beschrieben.

4.6 Überprüfung der Rechtschreibung

Als weitere Neuerung wurde MS-Project Version 3.0 mit einer Rechtschreibprüfung ausgestattet. Vor dem Start der Rechtschreibprüfung sind jedoch noch Einstellungen vorzunehmen.

4.6.1 Festlegung der Einstellungen zur Rechtschreibprüfung

Die Einstellungen zur Rechtschreibprüfung werden über den Menüpunkt **Option** und **Rechtschreibeinstellungen** eingegeben.

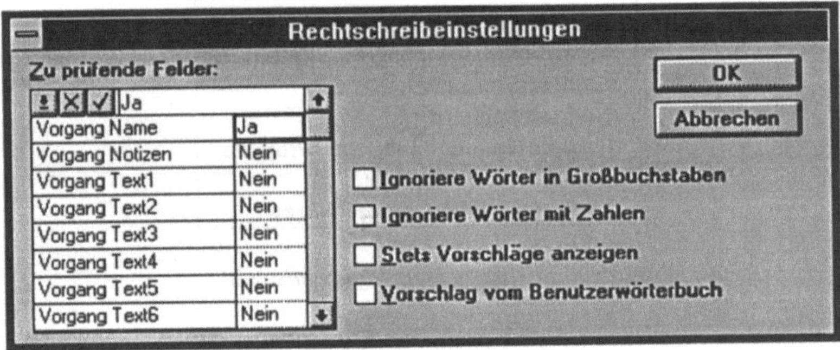

Abb. 4-13: Dialogbox zur Einstellung der Rechtschreibprüfung

In der Tabelle ***Zu prüfende Felder*** sind die Felder mit *JA* zu kennzeichnen, deren Rechtschreibung gepüft werden soll.

Wird das Optionsfeld ***Ignoriere Wörter in Großbuchstaben*** angekreuzt, werden alle Wörter in Großbuchstaben von der Prüfung ausgenommen.

Sollen Wörter die Zahlen enthalten ausgenommen werden, muß die Option ***Ignoriere Wörter mit Zahlen*** angekreuzt werden.

Soll bei gefundenen Fehlern ein Korrekturvorschlag gemacht werden, ist die Option ***Stets Vorschläge anzeigen*** anzukreuzen. In diesem Fall kann während der Rechtschreibprüfung kein Vorschlag angefordert werden.

Sollen bei den Vorschlägen auch selbst eingegebene Einträge - diese werden in einem Benutzerwörterbuch abgelegt - herangezogen werden, so ist die Option ***Vorschläge vom Benutzerwörterbuch*** anzukreuzen.

4.6.2 Arbeiten mit der Rechtschreibprüfung

Rechtschreibprüfung starten

Gestartet wird sie mit dem Befehl **Option** und **Rechtschreibprüfung** oder über die Symbolleiste durch das Anklicken des Button ▦.

Werden bei der Prüfung Wörter gefunden, die nicht in den Wörterbüchern stehen, so wird folgende Dialogbox angezeigt. In dem Beispiel wurde das Wort *Bauphase* ohne *P*, also als als *Bauhase* geschrieben.

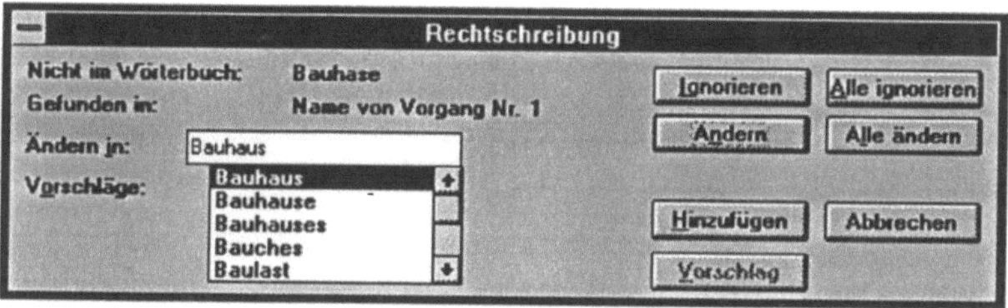

Abb. 4-14: Die Dialogbox bei gefunden Fehlern der Rechtschreibprüfung

In der Dialogbox zeigt das Feld ***Nicht im Wörterbuch*** das fehlerhafte Wort an.

Gefunden in gibt an wo das nicht gefundene Wort in der Projektauflistung steht. In dem Beispiel ist dies *Name des Vorgangs 1*.

Durch einen Eintrag in dem Feld ***Ändern in*** können Korrekturen vorgenommen werden.

Die Schaltfläche ***Vorschlag*** zeigt eine Auswahl von Wörtern als Ersatz für das falsche Wort an.

Ignorieren übergeht die Korrektur. Mit der Anwahl ***Alles ignorieren*** wird das Wort im ganzen Projekt unverändert gelassen.

Mit ***Ändern*** erfolgt der Eintrag des geänderten Worts in die Projektliste. ***Alle ändern*** korrigiert das Wort in dem ganzen Projekt. Diese beiden Auswahlpunkte lassen sich nur anklicken, wenn eine Korrektur vorgenommen wurde.

Um ein Wort in das Wörterbuch zu übernehmen wird das Feld ***Hinzufügen*** ausgewählt.

Ein Abbruch der Rechtschreibprüfung kann mit einem Klick auf ***Abbrechen*** erfolgen. Das Ende der Prüfung wird mit einer Dialogbox angezeigt.

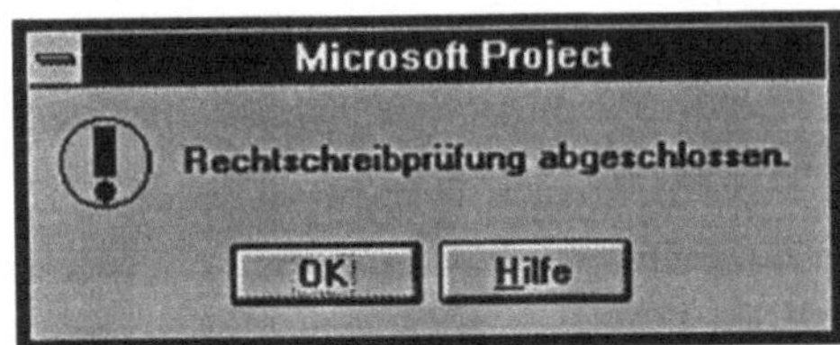

Abb. 4-15: Dialogbox zum Abschluß der Rechtschreibprüfung

5 Arbeiten mit MS-Project

Nachdem Sie die Schritte zum Starten des Programms vollzogen haben können Sie mit den Arbeiten beginnen.

5.1 Erstellen eines Projektplans

MS-Project unterstützt die Berechnung und Verfolgung eines Projektplans. Aufgabe des Projektleiters oder des Projektteams von Batta Batterien ist die Festlegung der

- ⇨ Vorgänge,
- ⇨ Ressourcen,
- ⇨ Zeitschätzungen und
- ⇨ Meilensteintermine.

Festlegen der Unterprojekte

Desweiteren ist festzulegen, welche Projektteile als Unterprojekte abgewickelt werden sollen. Unterprojekte werden bei MS-Project als Vorgänge in das Hauptprojekt einbezogen. Diese Festlegungen sollten in der Planungsphase mit MS-Project erfolgen, um bereits nach der Eingabe eine Vorstellung von der Gesamtdauer des Projekts zu erhalten.

Wichtig für die ordnungsgemäße Berechnung sind die richtigen Verknüpfungen einzelner Vorgänge. Vorgänge können sequentiell oder parallel ablaufen. Daraus errechnet MS-Project den kritischen Weg, der alle Vorgänge aufzeigt, die zeitlich keine Verzögerung erlauben ohne den Projektendtermin zu gefährden.

5.1.1 Vorgangsliste

Die erste Aufgabe ist die Erstellung einer Liste mit allen im Projekt vorkommenden Vorgängen. Neben der Vergabe von eindeutigen Vorgangsnamen muß jeweils der geschätzte Zeitaufwand eingeben werden. Die Vorgänge sollten in der zeitlichen Reihenfolge der Abarbeitung eingetragen werden. Eine sorgfältige Planung erspart spätere Korrekturen.

Bei dem Start von MS-Project wird direkt die zweiteilige Ansicht zur Vorgangseingabe angezeigt.

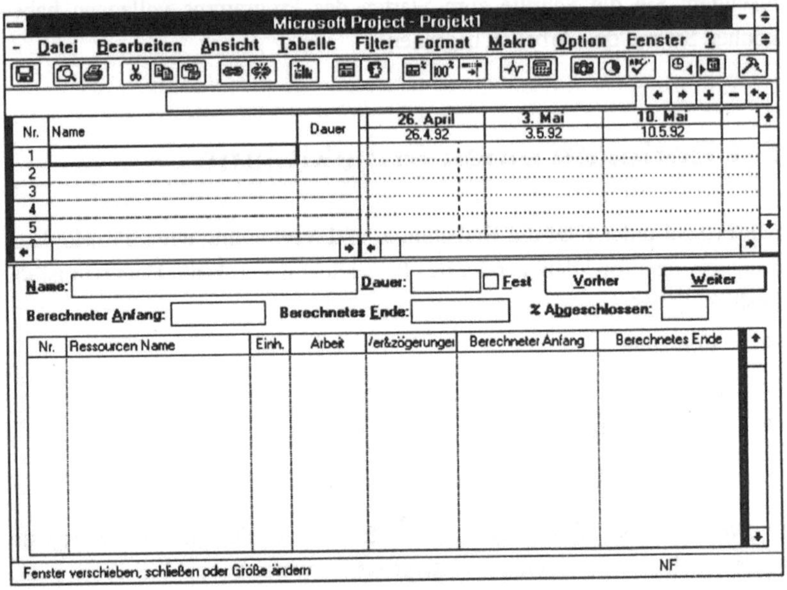

Abb. 5-1: Darstellung einer Erfassungsansicht

Die obere Ansicht ist das Gantt-Diagramm mit der Vorgangsliste im linken und der Balkengrafik im rechten Teil. Beide werden mit horizontalen Scroll-Balken angezeigt, die ein horizontales Verschieben der einzelnen Bildschirmteile erlauben.

Der vertikale Scroll-Balken am rechten Rand der Ansicht erlaubt ein Vorwärtsblättern der Vorgänge. Die untere Ansicht ist das Vorgangsformular. In diesem Formular werden alle Eingabefelder zu einem Vorgang angezeigt. Aus diesen Feldern setzt sich auch jede Zeile der Vorgangsliste zusammen. Ist die Länge des Eingabetextes zu groß, so wird er nach rechts verschoben, d.h. die linken Buchstaben werden nicht mehr angezeigt. Mit der ←-Taste oder der Entf-Taste können Buchstaben gelöscht werden. Esc bricht die Eingabe ab. Nach der Eingabe werden die Daten automatisch in die Vorgangsmaske übernommen. Gleichzeitig wird in das Feld Dauer ein Standardwert eingetragen. Mit

- ⇨ ↵ oder
- ⇨ ⇥-Taste oder
- ⇨ einem Mausklick auf dem Feld **Dauer**

wird das Feld *Dauer* zum Eingabefeld und stärker umrahmt dargestellt. Mit den Cursortasten können jeweils die nächsten Felder angesprungen werden. Ebenso funktioniert der Maus-Klick.

Die am häufigsten verwendete Zeiteinheit läßt sich im Menü **Option Standardeinstellung** eingeben.

Beispielsweise lassen sich die Farben der Dialogfelder im Standardeinstellungsmenü ändern. Hierzu wird das Feld mit dem Standardwert angeklickt, so daß es grau umrahmt erscheint. Durch einen Mausklick auf dem oberen, nach unten zeigenden linken Pfeil im Fensterrahmen werden die möglichen Standardwerte angezeigt. Der mit einem Mausklick ausgewählte Wert wird in die Standardeinstellung übernommen, was mit einem Mausklick auf dem OK-Feld bestätigt wird.

Standard-Einstellung

Zeiteingaben erfolgen durch die Eingabe einer Zahl, gefolgt von einem Buchstaben, der einen Zeitraum spezifiziert. Folgende Zeiteinheiten stehen dabei zu Verfügung:

m	Minuten
h	Stunden
t	Tag
w	Woche
fm	fortlaufende Minuten
fh	fortlaufende Stunden
ft	fortlaufende Tage
fw	fortlaufende Wochen

Standardeinstellungen

Tage

Einheit der Dauer	Tage
Art der Dauer	Nicht fest
Arbeitseinheiten	Stunden
Tagesarbeitszeit	8,00
Wochenarbeitszeit	40,00
Normalpreis	0,00 DM/h
Überstundenpreis	0,00 DM/h
Standardansicht	Vorgang: Eingabe
Neue Vorgänge beginnen beim aktuellen Datum	Nein
Farbe der Dialogfelder	Grau
Farbe der Masken	Grau
Anzeige der Statuszeile	Ja
Anzeige der Eingabeleiste	Ja

OK

Abbrechen

Vorgabe

Abb 5-2: Einstellung von Standardwerten

Entsprechend der Eingabe erfolgt die Anzeige eines farbigen Balkens im Balkendiagramm. Die Farben können bei den Standardeinstellungen geändert werden.

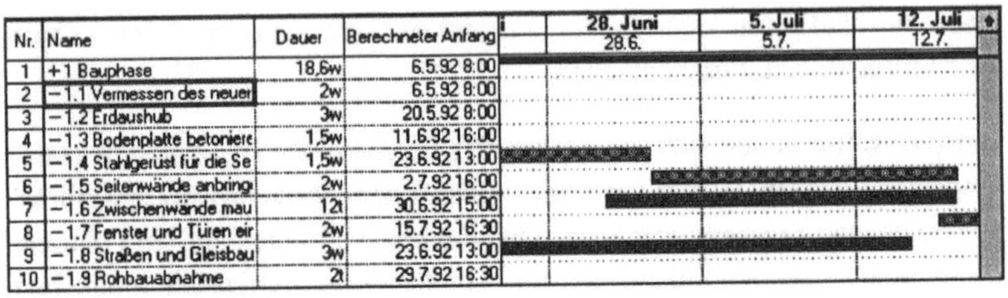

Nr.	Name	Dauer	Berechneter Anfang
1	+1 Bauphase	18,6w	6.5.92 8:00
2	−1.1 Vermessen des neuer	2w	6.5.92 8:00
3	−1.2 Erdaushub	3w	20.5.92 8:00
4	−1.3 Bodenplatte betoniere	1,5w	11.6.92 16:00
5	−1.4 Stahlgerüst für die Se	1,5w	23.6.92 13:00
6	−1.5 Seitenwände anbring	2w	2.7.92 16:00
7	−1.6 Zwischenwände mau	12t	30.6.92 15:00
8	−1.7 Fenster und Türen eir	2w	15.7.92 16:30
9	−1.8 Straßen und Gleisbau	3w	23.6.92 13:00
10	−1.9 Rohbauabnahme	2t	29.7.92 16:30

Abb. 5-3: Darstellung eines Zeitabschnitts im Balkendiagramm

Geben Sie nun die Namen der einzelnen Vorgänge zum Bau der Fabrikhalle in der Spalte ***Name*** der Tabelle des Balken-Diagramms und die jeweilige Dauer in der Spalte ***Dauer*** ein. Hierbei geben Sie jede Dauer als Zahl gefolgt von der Abkürzung für die verwendete Zeiteinheit ein, also beispielsweise 3t, für einen Vorgang der drei Tage dauert. Bestätigen Sie Ihre Eingabe durch das Drücken der Taste ↵ oder das Anklicken des Feldes mit dem Eingabesymbol. Sollten Sie bei der Eingabe einen Fehler gemacht haben, so können Sie diesen beheben, indem Sie auf die Taste ← drücken bis der Fehler gelöscht ist. Danach können Sie die richtige Eingabe tätigen. Sollten Sie die gesamte Eingabe unterbrechen wollen, so drücken Sie die Taste Esc oder klicken das Feld mit dem Symbol ***Abrechen*** an. Es wird die gesamte Eingabe abgebrochen.

Eingabe der Vorgangsliste

Die eingegebenen Informationen werden auch an MS-Project gegeben, wenn Sie eine der Richtungstasten verwenden (z.B. →), um eine andere Zeile oder Spalte der Tabelle auszuwählen. Auch wenn mit der Maus ein anderes Feld angeklickt wird geschieht dies. Die Liste der eingegebenen Vorgänge stellt sich bei den Batta Batterien wie in Abb. 5-4 gezeigt dar:

Gemäß der Eingabe eines Vorgangs werden am Bildschirm die Vorgänge aufgelistet. Zu diesem Zeitpunkt handelt es sich nur um eine sequentielle Auflistung, da die einzelnen Vorgänge noch nicht miteinander verbunden sind.

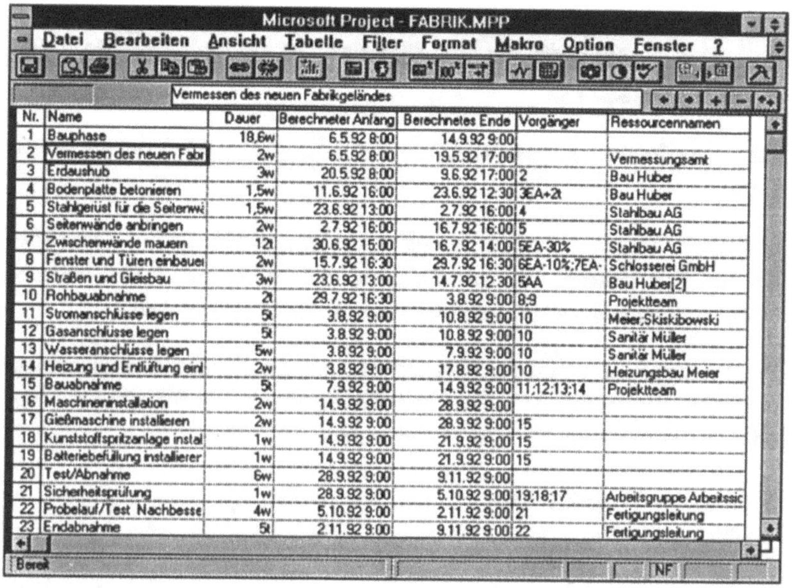

Microsoft Project - FABRIK.MPP

Datei Bearbeiten Ansicht Tabelle Filter Format Makro Option Fenster ?

Vermessen des neuen Fabrikgeländes

Nr.	Name	Dauer	Berechneter Anfang	Berechnetes Ende	Vorgänger	Ressourcennamen
1	Bauphase	18,6w	6.5.92 8:00	14.9.92 9:00		
2	Vermessen des neuen Fabr	2w	6.5.92 8:00	19.5.92 17:00		Vermessungsamt
3	Erdaushub	3w	20.5.92 8:00	9.6.92 17:00	2	Bau Huber
4	Bodenplatte betonieren	1,5w	11.6.92 16:00	23.6.92 12:30	3EA+2t	Bau Huber
5	Stahlgerüst für die Seitenwä	1,5w	23.6.92 13:00	2.7.92 16:00	4	Stahlbau AG
6	Seitenwände anbringen	2w	2.7.92 16:00	16.7.92 16:00	5	Stahlbau AG
7	Zwischenwände mauern	12t	30.6.92 15:00	16.7.92 14:00	5EA-30%	Stahlbau AG
8	Fenster und Türen einbauei	2w	15.7.92 16:30	29.7.92 16:30	6EA-10%;7EA-	Schlosserei GmbH
9	Straßen und Gleisbau	3w	23.6.92 13:00	14.7.92 12:30	5AA	Bau Huber[2]
10	Rohbauabnahme	2t	29.7.92 16:30	3.8.92 9:00	8;9	Projektteam
11	Stromanschlüsse legen	5t	3.8.92 9:00	10.8.92 9:00	10	Meier;Skiskibowski
12	Gasanschlüsse legen	5t	3.8.92 9:00	10.8.92 9:00	10	Sanitär Müller
13	Wasseranschlüsse legen	5w	3.8.92 9:00	7.9.92 9:00	10	Sanitär Müller
14	Heizung und Entlüftung einl	2w	3.8.92 9:00	17.8.92 9:00	10	Heizungsbau Meier
15	Bauabnahme	5t	7.9.92 9:00	14.9.92 9:00	11;12;13;14	Projektteam
16	Maschineninstallation	2w	14.9.92 9:00	28.9.92 9:00		
17	Gießmaschine installieren	2w	14.9.92 9:00	28.9.92 9:00	15	
18	Kunststoffspritzanlage instal	1w	14.9.92 9:00	21.9.92 9:00	15	
19	Batteriebefüllung installierer	1w	14.9.92 9:00	21.9.92 9:00	15	
20	Test/Abnahme	6w	28.9.92 9:00	9.11.92 9:00		
21	Sicherheitsprüfung	1w	28.9.92 9:00	5.10.92 9:00	19;18;17	Arbeitsgruppe Arbeitssic
22	Probelauf/Test Nachbesse	4w	5.10.92 9:00	2.11.92 9:00	21	Fertigungsleitung
23	Endabnahme	5t	2.11.92 9:00	9.11.92 9:00	22	Fertigungsleitung

Bereit NF

Abb. 5-4: Liste der Vorgänge

Vorgänge die ein Ereignis repräsentieren, wie zum Beispiel die Eingabe eines Projekt-Reviews, das als fixer Termin nicht verschoben werden kann, werden als Meilensteine bezeichnet. Meilensteine erhalten als Zeitangabe immer Null (0). Sie erscheinen in dem Balkendiagramm als schwarzer Rhombus. Normalerweise sind bei solchen Ereignissen Entscheidungen notwendig, die durch ein Entscheidungsgremium getroffen werden müssen. Dieses Gremium muß in dem Projekt als Ressource mit angegeben werden. In der Vorgangsmaske können diese Ressourcen dann dem Ereignis zugeordnet werden. Speziell bei Meilensteinterminen werden besondere Auswertungen gefordert. Entsprechende Tabellen und Filter sind dafür zu erstellen.

7	-1.6 Zwischenwände mau	12t	30.6.92 15:00
8	-1.7 Fenster und Türen eir	2w	15.7.92 16:30

Abb. 5-5: Darstellung von zwei sequentiell ablaufenden Vorgängen

Änderung in der Vorgangsliste

Änderungen in der Vorgangsliste können mit dem Menüpunkt **Bearbeiten** vorgenommen werden.

Die Auswahl ***Leerfelder*** oder die Tastatureingabe Einfg, fügt vor das markierte Datenfeld eine leere Vorgangszeile ein, die mit einem neuen Vorgang gefüllt werden kann.

Löschen oder der Tastendruck Entf entfernt den markierten Vorgang aus der Liste.

Um einen Vorgang zu ersetzen muß er vorher mit dem Befehl **Ausschneiden** im **Bearbeiten**-Menü aus der Liste entfernt werden. Der entfernte Vorgang wird in der Zwischenablage von Windows gespeichert.

Im nächsten Schritt wird der Vorgang markiert, vor den die Zwischenablage eingefügt werden soll. Mit dem Punkt **Einfügen** aus dem **Bearbeiten**-Menü wird der gespeicherte Vorgang eingeschoben.

Sichern der Vorgangsliste

Spätestens nach der Eingabe der Vorgangsliste sollte das Projekt gespeichert werden. Hierzu wird aus dem Menü **Datei** der Menüpunkt **Datei speichern** ausgewählt. Nach der Eingabe des Dateinamens, evtl. mit einer Pfadangabe, wird die Speicherung mit OK ausgelöst

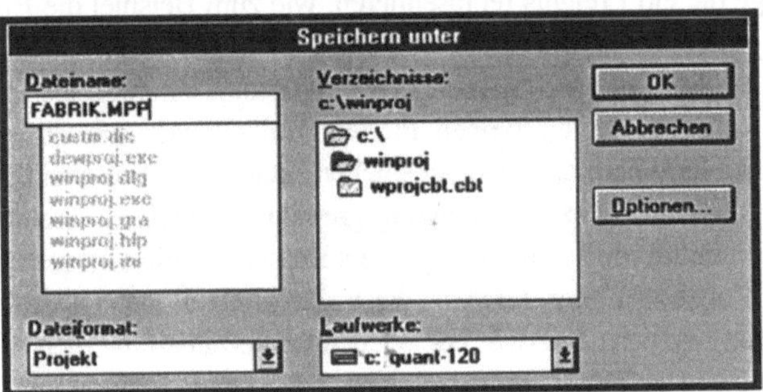

Abb. 5-6: Eingabe des Projektnamens zur Speicherung

Die Eingabe des Dateinamens, in dem Beispiel *FabrikMPP* wird mit ↵ oder einem Klick auf dem OK-Feld bestätigt. Eine Schnellspeicherung ist durch ⇧+F12 möglich.

Man sollt darauf achten, daß rechtzeitig Sicherungskopien von den Projektdaten erstellt werden. Bei dem oben genannten Speichervorgang werden nur die Projektdaten der Kennung **.MPP** gesichert. Die Kalender- (**.MPC**) und Ansichtendateien (**.MPV**) werden <u>nicht</u> mit gesichert! Die Sicherung dieser Dateien kann mit den nachstehenden DOS-Befehlen erfolgen.

COPY *.MPC
COPY *.MPV

Sortieren der Vorgangsliste

Vorgänge und Ressourcen lassen sich unter MS-Project auf eine einfache Art sortieren. Hierzu wird aus dem Menü **Format Sortieren** angewählt. Die Sortierfelder eines Vorgangs oder einer Ressource werden Schlüssel genannt. MS-Project läßt bis zu drei Sortierschlüssel zu. Damit ist beispielsweise gemeint, daß nach dem Sortieren der Namen, innerhalb der Namen nach dem Fertigstellungsgrad, also dem Feld ***%abgeschlossen***, sortiert wird. Man erhält somit eine alphabetische Liste der Vorgänge, bei der der Vorgang mit dem größten Fertigstellungsgrad am Anfang aller Vorgänge mit seinem Anfangsbuchstaben steht. Eingegeben wurden die Sortierschlüssel über den Menüpunkt **Format Sortieren**.

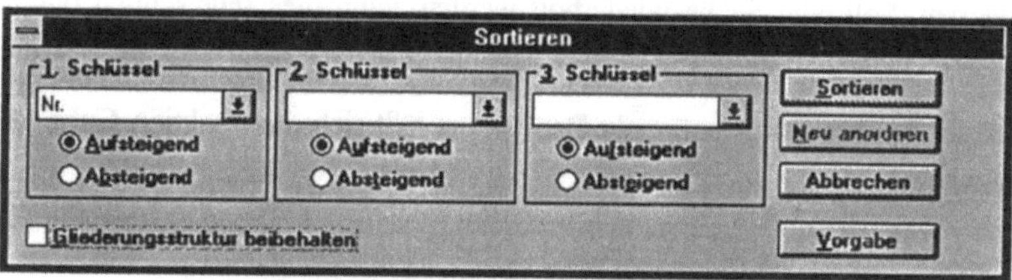

Abb. 5-7: Festlegung einer Sortierfolge

Mit der Cursortaste können die einzelnen Schlüsselfelder angesprungen werden. Die Standardsortierung nach der Nr. eines Vorgangs ist in dem Feld ***Schlüssel 1*** vorgegeben. Ein erster Sortierschlüssel <u>muß immer</u> angegeben sein. Mit einem Mausklick auf den Pfeil nach unten in der Editierzeile oder der Tastenkombination [Alt]+[↓] wird die Feldliste, nach der sortiert werden kann, eingeblendet. Die Auswahl erfolgt mit [↵]. Über die Pushbuttons ***Aufsteigend*** oder ***Absteigend*** kann die Sortierfolge festgelegt werden. Mit [OK] wird die Sortierung gestartet. Ab diesem Augenblick werden alle Vorgänge entsprechend der angegebenen Sortierung aufgelistet. Mit [⇧]+[F3] läßt sich die Sortierung aufheben. [Strg]+[⇧]+[F3] wiederholt die letzte Sortierung.

Über eine komfortable Suchfunktion lassen sich Vorgänge unter MS-Project sehr schnell am Bildschirm darstellen. Dazu wird in dem Menüpunkt **Bearbeiten Suchen** angewählt.

Suchen von Vorgängen

In ***Feld*** und ***Bedingung*** wird das zu durchsuchende Feld und die Vergleichsbedingung angegeben. Mit einem Klick auf einen Pfeil nach unten lassen sich alle möglichen Eingaben für ein Feld anzeigen und auswählen. Der Vergleichswert für die Suche wird in dem Feld ***Wert*** eingetragen.

Suchen von Vorgängen

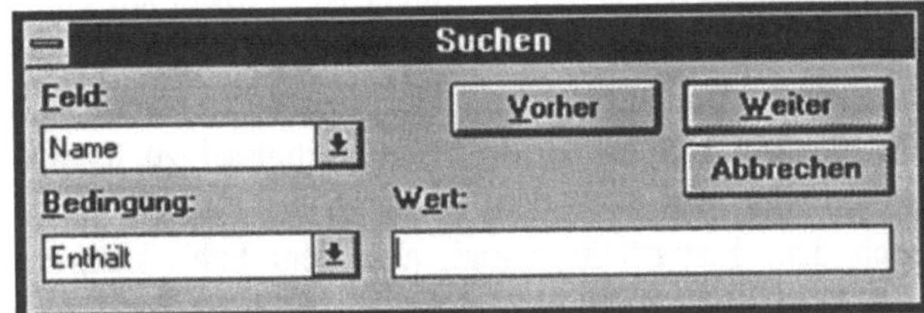

Abb. 5-8: Festlegung einer Suchbedingung

Über die Schaltboxen ***Vorher*** und ***Weiter*** kann die Suchrichtung bestimmt werden. Soll eine Suche wiederholt werden, kann dies sehr schnell durch ⇧+F5 erfolgen.

Ebenfalls über den Menüpunkt **Bearbeiten** läßt sich die Funktion **Gehe zu** anwählen.

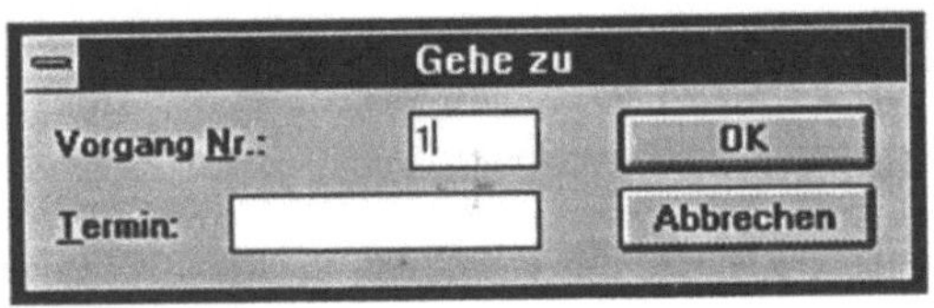

Abb. 5-9: Eingabe eines Ansprungpunktes

Mit dieser Funktion kann sehr schnell zu einem Vorgang <u>oder</u> einem Datum gesprungen werden.

Nach der Bestätigung der Eingabe wird der entsprechende Zeitabschnitt oder der über die Vorgangsnummer ausgewählte Vorgang angezeigt.

5.1.2 Eingabe der Projektinformationen

MS-Project beginnt bei der Eingabe von Vorgängen immer mit dem aktuellen Datum. Falls dieser Termin von dem Projektbeginn abweicht, ist es notwendig den richtigen Starttermin festzulegen. Diese Eingabe kann unter dem Menüpunkt **Option** mit der Auswahl **Projekt-Info** erfolgen. Der Zeitrahmen eines Projekts mit seinem Start- und Endetermin wird in der Projektinformation, Menüpunkt **Option und Projekt Info** eingegeben.

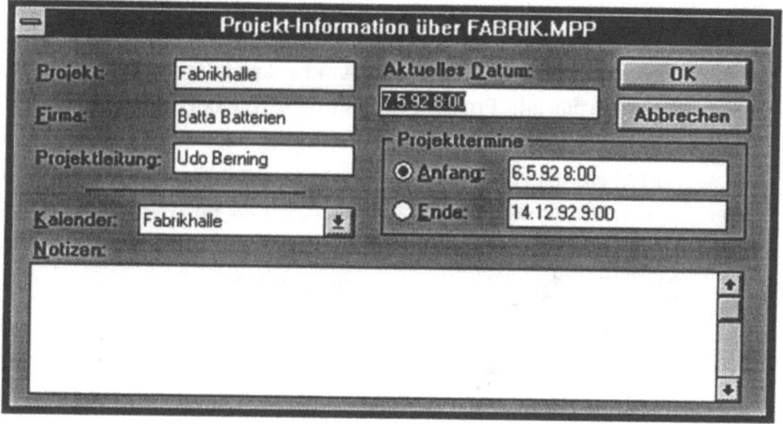

Abb. 5-10: Darstellung des Bildschirms Projektinformation

Weitere Informationen, die an dieser Stelle eingeben werden können, sind der Projekt-, Firmen- und Managername.

In dem Feld Termine können der End- und Anfangstermin angegeben werden. Das Feld **Aktuell** nimmt das aktuelle Tagesdatum auf. Im Regelfall ist dies das Systemdatum aus dem Personal Computer. Mit der Auswahl **Planrechnung** kann die Berechnungsmethode festgelegt werde, nach der MS-Project ein Projekt berechnet. Bei der **Vorwärtsrechnung** wird, beginnend mit dem Projektstart, der früheste Endtermin errechnet. In unserem Beispiel des Unternehmens Batta Batterien AG ist dies der 15.10.92. Hierzu durfte kein Endtermin eingegeben werden. Genau umgekehrt arbeitet die **Rückwärtsrechnung**. In diesem Fall wird neben dem Endtermin der geplante Starttermin eingetragen. MS-Project berechnet dann den spätesten Starttermin.

In das Feld Notizen können eigene Texte zu dem Projekt eingegeben werden, die nähere Einzelheiten des Projektes spezifizieren.

5.1.3 Erstellung eines Projektkalenders

Erstellen des Projektkalenders

Für ein Projekt ist die Festlegung der Arbeitszeiten, Feiertage, Urlaub etc. unverzichtbar. Unter MS-Project kann für jedes Projekt ein Kalender angelegt werden. Wird dies nicht getan, benutzt MS-Project einen Standardkalender. Es empfiehlt sich jedoch, für jedes Projekt einen eigenen Kalender anzulegen, um unterschiedliche Einsatzzeiten festlegen zu können. Wird nur ein Kalender verwendet oder gar der Standardkalender verändert, gelten diese Änderungen für alle Projekte die mit dem Kalender arbeiten. Da die Berechnung auf der Stundenbasis erfolgen, ist es wichtig die firmenspezifischen, täglichen Arbeitszeiten anzugeben. Diese Änderung erfolgt über den Menüpunkt **Option** und die Auswahl **Basiskalender**.

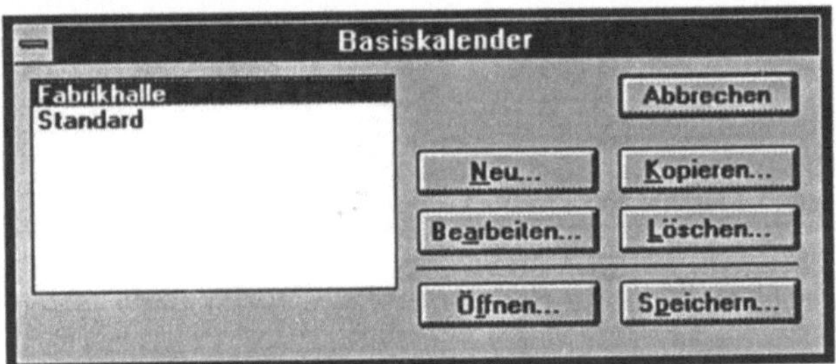

Abb. 5-11: Darstellung der Dialogbox zur Eingabe eines Projektkalenders

Anlegen eines neuen Kalenders

Um einen neuen Kalender anzulegen, ist in der Dialogbox die Schaltbox **Neu** auszuwählen oder der Standardkalender unter einem neuen Namen mit **Kopieren** als neuer Kalender anzulegen. Dieser neue Kalender kann mit der Auswahl **Bearbeiten** modifiziert werden. Soll ein bereits bestehender Kalender verwendet werden, kann dieser über die Basiskalenderliste ausgewählt werden, indem er mit der Maus angeklickt oder mit den Cursortasten gekennzeichnet wird. Über die Schaltfläche **Löschen** kann ein Kalender gelöscht werden.

Wurde ein Kalender neu erstellt oder modifiziert, ist er als **.MPC**-Datei zu **Speichern** um ihn später in einem Projekt zu benutzen. Wurde ein Kalender neu erstellt oder kopiert, ist ein neuer Kalendername anzugeben. In unserem Beispiel wurde der Kalender für das Fabrik-Projekt mit dem Namen ***Fabrikhalle***, bereits durch ein Kopieren des Standardkalenders angelegt. Mit **Öffnen** wird er aktiviert und ermöglicht das Ändern des Zeit- und Datumsformates.

Nach der Auswahl des Standard-Kalenders erscheint ein Kalenderblatt des aktuellen Monats.

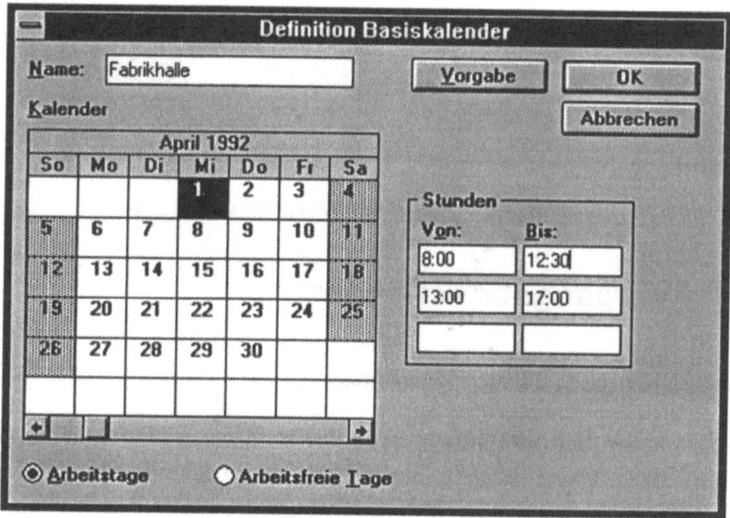

Abb. 5-12: Das Standardkalenderblatt

Durch das Anklicken eines Tagesdatums und des Pushbutton ***Arbeitsfreie Tage*** oder ***Arbeitstage*** können die Voreinstellungen geändert werden. Für jeden einzelnen Tag lassen sich in dem Stundenfeld die Arbeitszeiten eintragen. Zur Einstellung der Wochenarbeitszeit wird in der Kopfzeile des Kalenderblatts der entsprechende Tag angeklickt. Dieser wird dann dunkel umrahmt. Im Stundenfeld können dann die Arbeitszeiten eingetragen werden. Diese Änderungen gelten für alle folgenden Wochen und Monate. Bei vorhergehenden Monaten wird diese Änderung nicht berücksichtigt. Diese Vorgehensweise ist dann sinnvoll, wenn Arbeitszeitänderungen, beispielsweise die Einführung der 37,5 Stundenwoche, nur in einem bestimmten Projektzeitraum berücksichtigt werden sollen.

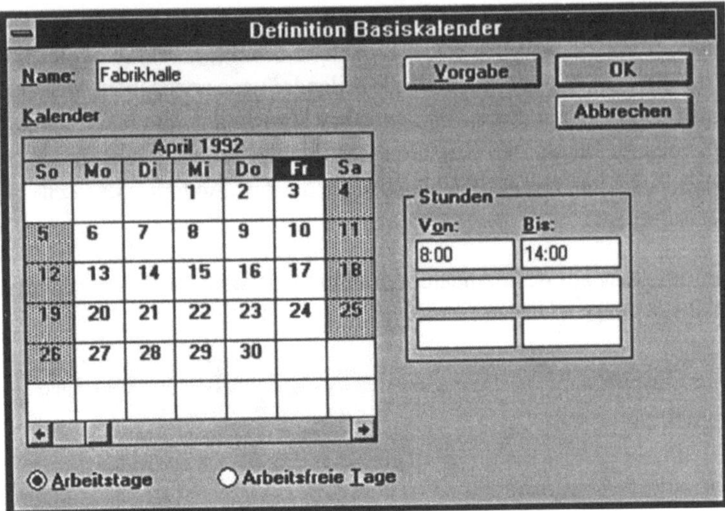

Abb. 5-13: Bildschirm zur Änderung der Wochenarbeitszeit

5.1.4 Vorgangsbeziehungen

Bestimmung der zeitlichen Reihenfolge

Bisher wurden bei der Eingabe der Vorgänge noch keine Verbindungen, auch Verknüpfungen genannt, angegeben. Somit beginnen alle Vorgänge am Projektstarttermin. Um die zeitliche Reihenfolge in dem Projektablauf zu ermitteln, ist für jeden Vorgang der Vorgänger zu bestimmen. Vorgänger ist der Vorgang, der abgeschlossen sein muß, um den laufenden Vorgang zu starten. Als Nachfolger wird der Vorgang bezeichnet, der dem laufenden Vorgang folgt. Die einfachste Form einer Verbindung ist eine sequentielle Folge, in der ein Vorgang dem nächsten folgt.

In unserem Beispiel müssen die Vorgänge 1 bis 3 beendet sein um Vorgang 4 zu starten. Bei näherer Betrachtung zeigt sich jedoch, daß in dem Projekt Vorgänge auch parallel ablaufen können. Dies sind die Vorgänge 5 und 6, *Seitenwände anbringen* und *Zwischenwände ziehen*, die gemeinsam nach dem Vorgang 4, *Stahlgerüst für die Seitenwände aufbauen*, beginnen können.

Nr.	Name	Dauer	3. Mai 3.5.	10. Mai 10.5.	17. Mai 17.5.	24. Mai 24.5.
1	+1 Bauphase	5w				
2	−1.1 Vermessen des neuer	2w				
3	−1.2 Erdaushub	3w				
4	−1.3 Bodenplatte betoniere	1,5w				
5	−1.4 Stahlgerüst für die Se	1,5w				
6	−1.5 Seitenwände anbring	2w				
7	−1.6 Zwischenwände mau	12t				
8	−1.7 Fenster und Türen eir	2w				
9	−1.8 Straßen und Gleisbau	3w				
10	−1.9 Rohbauabnahme	2t				

Abb. 5-14: Darstellung ohne Vorgangsbeziehungen

Eine besondere Bedeutung kommt den Vorgangsbeziehungen zu, wenn mehrere parallel ablaufende Vorgänge gleiche Ressourcen nutzen. Speziell bei einem Projekt mit mehreren, parallel abgewickelten Unterprojekten ist eine effiziente Steuerung der Ressourcen notwendig. Aus diesem Grund sollten die Abhängigkeiten einzelner Vorgänge genau geplant sein.

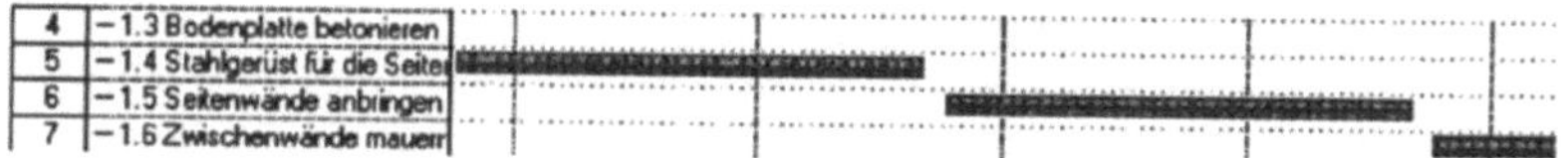

Abb. 5-15: Darstellung nach der Eingabe der Vorgangsbeziehungen

Beziehungen zwischen Vorgängen

Aus den Beispielen wird ersichtlich, daß innerhalb eines Projekts unterschiedliche Beziehungen zwischen Vorgängen bestehen können. Zwischen folgenden drei Beziehungen wird unterschieden:

Die **Ende-Anfang**-Beziehung, bei der ein Vorgang erst dann beginnen kann, wenn sein Vorgänger beendet ist.

Die **Anfang-Anfang**-Beziehung bei Vorgängen, die parallel ablaufen. Der Vorgang beginnt zum gleichen Zeitpunkt an dem sein Vorgänger beginnt.

Die **Ende-Ende**-Beziehung, bei der Vorgänge auch parallel ablaufen. In diesem Fall endet ein Vorgang zum gleichen Zeitpunkt wie sein Vorgänger.

Eine schematische Darstellung der Vorgangsbeziehungen ist in Abb. 5-16 auf der folgenden Seite zu finden.

Ende - Anfang Beziehung

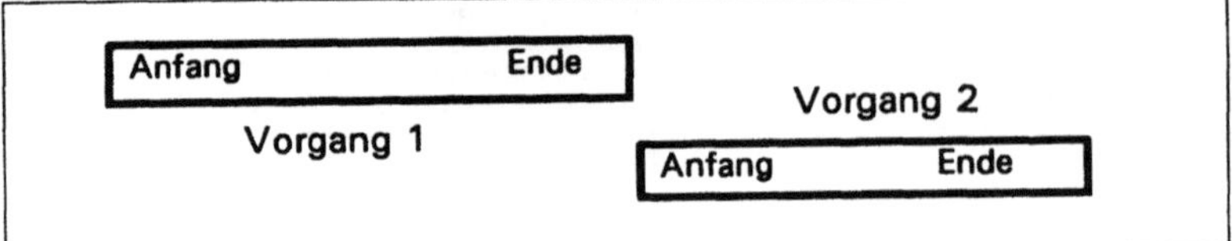

Anfang - Anfang Beziehung

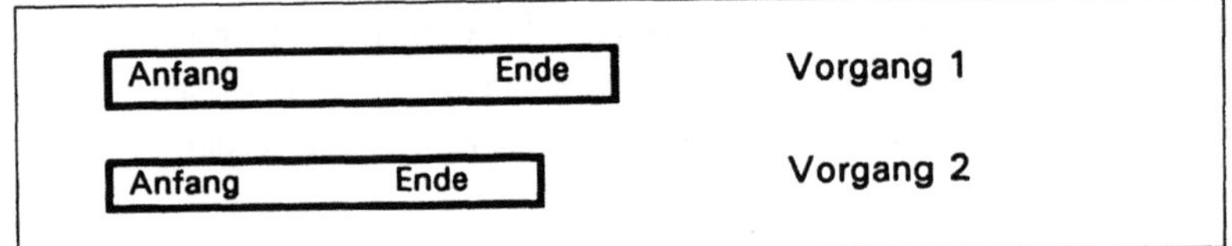

Ende - Ende Beziehung

Anfang Ende Vorgang 1

Anfang Ende Vorgang 2

Abb. 5-16: Schematische Darstellung der Vorgangsbeziehungen

Feste Beziehungen sind oftmals nicht flexibel genug. So könnte in unserem Fall bereits mit dem Einbau der Türen und Fenster begonnen werden, obwohl noch nicht alle Wände fertiggestellt sind. Daher kann ein Zeitvorsprung oder Zeitabstand zwischen den Vorgängen angegeben werden.

Eine Überlappung zwischen Vorgängen mit einer Anfang-Ende-Beziehung wird Zeitvorsprung genannt. In diesem Fall können die Arbeiten des Nachfolgers schon starten, auch wenn der Vorgänger noch nicht abgeschlossen ist. Im Gegensatz dazu ist es oft notwendig, nachfolgende Vorgänge erst später beginnen zu können. Dies könnte in dem Beispiel die Zeit zum Austrocknen des Betons in Vorgang 2 sein. In diesem Fall wäre der Vorgang bereits abgeschlossen. Nach dem Projektplan würde direkt mit dem Aufstellen des Stahlgerüstes begonnen. Die Zeit zum Trocknen des Betons würde nicht berücksichtigt. Eine solche Wartezeit zwischen Vorgangsende des Vorgängers und Start des Nachfolgers wird Zeitabstand genannt.

Eine günstige Ansichtenkombination zur Eingabe von Vorgängen ist das Balken-Diagramm oder das Vorgangsblatt in der oberen Bildschirmhälfte und die Vorgangsmaske im unteren Bildschirmteil. Im Vorgangsblatt wird der zu bearbeitende Vorgang ausgewählt. Die Eingabe erfolgt in dem Vorgängerfeld durch die Eingabe eines oder mehrerer Vorgänger, evtl. notwendiger Beziehungsangaben und Zeitvorsprüngen oder Zeitabständen.

Mit der Maus lassen sich Vorgänger zuweisen, indem diese angeklickt werden wenn die entsprechende Eingabe gefordert ist. Über die Tastatur wird nur die entsprechende Vorgangsnummer eingegeben. Hat ein Vorgang mehrere Vorgänger sind diese durch ein Semikolon getrennt in der Editierzeile einzugeben. Ein Zeitvorsprung und ein Zeitabstand wird ebenfalls an dieser Stelle eingetragen. Dazu wird, entsprechend der Vorgangsbeziehung zu dem Vorgänger, ein fester Zeitraum oder Prozentwert mit angegeben. Hierzu einige Beispiele zu Vorgang 3:

Vorgänger	**Beziehung Abstand**	**Erläuterung**
2EA	Ende-Anfang	Vorgang 3 beginnt sobald Vorgang 2 beendet ist.
2EE	Ende-Ende	Vorgang 3 kann enden, sobald Vorgang 2 beendet ist.
2EE+2t	Ende-Ende 2 Tage	Vorgang 3 kann 2 Tage nach dem Ende von Vorgang 2 beginnen.
2AA+1t	Anfang-Anfang 1 Tag	Vorgang 3 kann 1 Tag nach dem Beginn von Vorgang 2 starten.
1;2AA+1t	Anfang-Anfang 2 Tage	Vorgang 3 kann 2 Tage nach dem Beginn von Vorgang 2 starten. Vorgang 1 muß dann beendet sein.

Abb. 5-17: Beispiele zu Vorgangsbeziehungen

5.1.5 Vorgangsgliederung

Mit der Gliederung des Projekts läßt sich ein Projekt in einzelne Phasen einteilen. In jeder Phase werden die Vorgänge, die logisch oder organisatorisch zusammen gehören zu Gruppen zusammengefaßt. Solche Gruppen lassen sich wieder auf einer höheren Ebene zu einer Phase oder einem Sammelvorgang verdichten. Dieser Vorgang wird als Hochstufen bezeichnet. Entsprechend lassen sich Vorgänge oder Sammelvorgänge herabstufen. In unserem Beispielprojekt erfolgt die Gliederung in vier Phasen:

Projektgliederung

Projektphasen	
Phase 1	Rohbauerstellung
Phase 2	Installationsarbeiten
Phase 3	Maschineninstallation
Phase 4	Tests und Nachbesserungen

In jeder dieser Phasen werden automatisch die Kosten, Zeiten und Projektinformationen der zugeordneten Vorgänge zusammengefaßt. Alle Änderungen wie Löschen, Verschieben oder Hoch- bzw. Herabstufen eines Sammelvorgangs wirken auf die untergeordneten Vorgänge.

Sammelvorgänge werden wie echte Vorgänge erstellt. Hierzu wird der Vorgang ausgewählt, vor dem der Sammelvorgang beginnen soll. Aus dem **Bearbeiten**-Menü wird mit der Auswahl **Leerfelder** eine leere Zeile eingefügt. In unserem Beispiel wurde Phase 1 mit ***Rohbauerstellung*** benannt. In einem zweiten Schritt erfolgt die Auswahl der zugehörigen Vorgänge; in diesem Fall die Vorgänge 1 bis 9.

Name
Bauphase
Vermessen des neuen Fabrikgeländes
Erdaushub
Bodenplatte betonieren
Stahlgerüst für die Seitenwände setzen
Seitenwände anbringen
Zwischenwände mauern
Fenster und Türen einbauen
Straßen und Gleisbau
Rohbauabnahme
Stromanschlüsse legen
Gasanschlüsse legen
Wasseranschlüsse legen
Heizung und Entlüftung einbauen
Bauabnahme

Abb. 5-18: Alle Vorgänge die zur Phase "Rohbauerstellung" gehören

Mehrere Vorgänge werden ausgewählt, indem mit der Maus mit gedrückter Taste über die ausgewählten Felder gefahren wird, oder über die Tastatur bei gedrückter Umschalttaste mit der Cursortaste nach unten, ⇧+⇩, die Vorgänge markiert werden.

Vorgänge werden herabgestuft indem Alt+⇧+→ gleichzeitig gedrückt werden. Mit der Maus erfolgt die Aktivierung durch ein Anklicken des Pfeils nach rechts in der Buttonzeile unter dem Fensterrand.

Notizen zu Vorgängen

Soll einem Vorgang eine Notiz hinzugefügt werden, kann der untere Teil der Vorgangsmaske mit dem Befehl **Format Notizen** in ein Eingabefeld umgewandelt werden. Im Normalfall werden dort die von einem Vorgang benutzen Arbeitseinheiten, die Ressourcen eingetragen.

5.1.6 Darstellungsformen

Die Darstellung der Vorgänge mit ihren Beziehungen lassen sich in dem Vorgangsblatt nur schwer erkennen. Erheblich übersichtlicher sind die Darstellungen im Gantt- bzw. dem Netzplandiagramm.

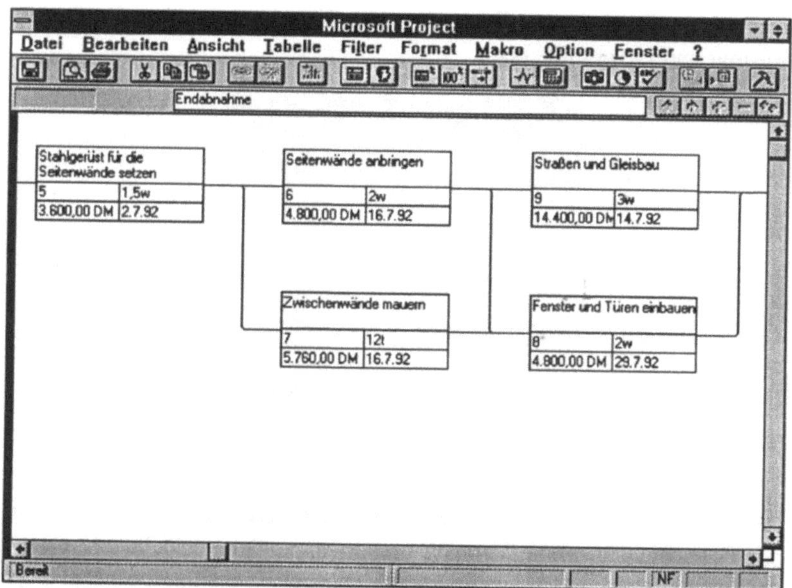

Abb. 5-19: Darstellung als Netzplandiagramm

Auch in dieser Form ist ein Gesamtüberblick nur schwer erkennbar. Deshalb bietet das Programm die Möglichkeit, eine Netzplandarstellung zu verkleinern oder zu zoomen. Hierzu wird über den Menüpunkt **Format** der Unterpunkt **Verkleinern** angewählt.

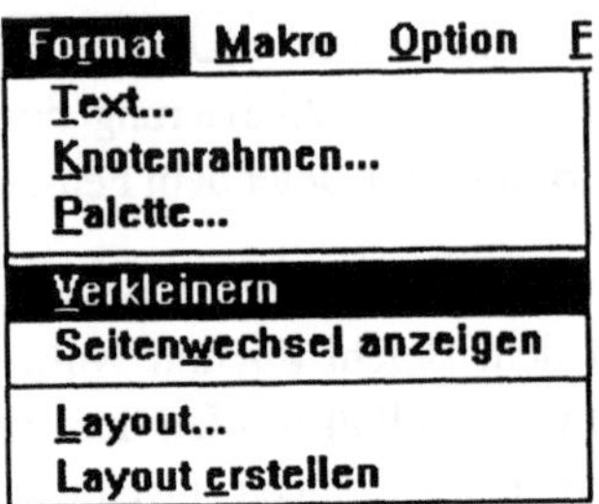

Abb. 5-20: Der Menüpunkt"Verkleinern" im Formatmenü

Die verkleinerte Netzplandarstellung wird durch die erneute Anwahl des Menüpunktes **Format** und **Vergrößern** aufgehoben. Dabei wird der Bestätigungshaken an dem Feld Zoomen entfernt.

Desweiteren können in Version 3.0 die Verbindungslinien des Netzplans in rechteckiger Form dargestellt werden. Die Einstellung ist über die Punkte **Format** und **Layout** möglich.

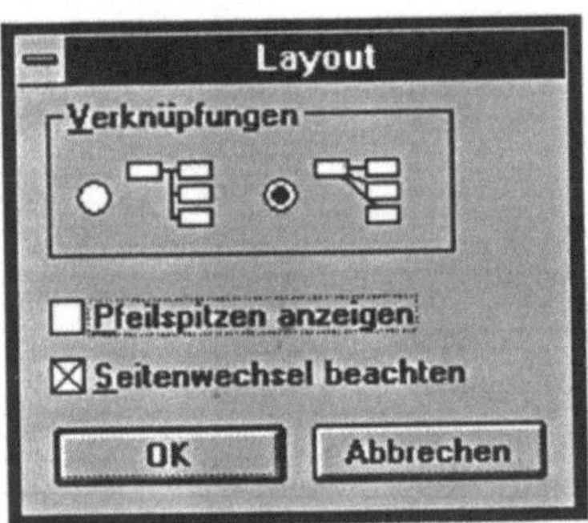

Abb. 5-21: Layoutänderung der Verbindungslinien

In beiden Darstellungen lassen sich Änderungen der Vorgangsbeziehungen oder Verschiebungen von Vorgängen vornehmen. Diese Möglichkeit ist jedoch nicht nur bei der Verwendung der Netzplandarstellung gegeben, sondern auch in dem Balkendiagramm.

Im ersten Schritt sollen Vorgangsbeziehungen gelöscht und neue hinzugefügt werden. Hierzu ist zuerst der Bildschirmabschnitt mit Hilfe der Rollpfeile so zu verstellen, daß die benötigten Vorgänge am Bildschirm vollständig zu sehen sind.

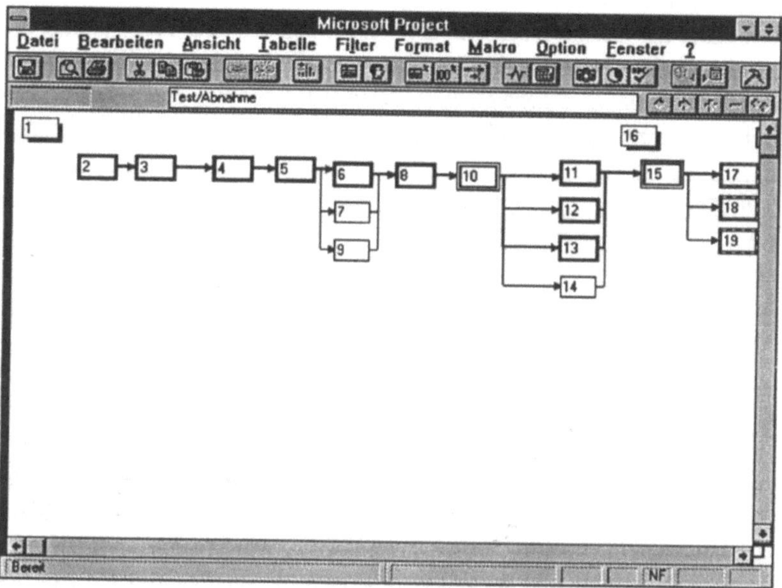

Abb. 5-22: Darstellung eines "gezoomten" Netzplanes

Besteht bereits eine Verbindung, so geht MS-Project davon aus, daß diese gelöscht werden soll. Hierzu öffnet sich ein Dialogfenster, in welchem dies zu bestätigen ist.

Besteht noch keine Verbindung zwischen beiden Vorgängen, wird die Verbindung erstellt. Bei umfangreichen Änderungen sollte dann mit dem Befehl **Format Layout Erstellen** die Darstellung aktualisiert werden.

Versetzen von Vorgängen im Netzplandiagramm

Soll ein Vorgang versetzt werden, kann dies auch in dem Netzplandiagramm erfolgen. In diesem Fall wird mit der Maus der Rahmen eines Vorgangs angeklickt und dieser bei gedrückter Maustaste verschoben.

Sind Änderungen an den Daten, beispielsweise der benötigten Zeit notwendig, so kann mit der Maus das entsprechende Feld angeklickt werden. Die Änderungen können dann in der Editierzeile unter dem Menü vorgenommen werden.

Vorgang im Netzplan

Eine weitere Darstellungsform wird mit der Menüauswahl **Ansicht** und **Vorgang im Netzplan** ausgewählt. Diese Ansicht dient nur dazu, die Verknüpfungen eines einzelnen Vorgangs darzustellen. Aus diesem Grund werden außer der Vorgangsbezeichnung keine Angaben über den Vorgang angezeigt. Dafür werden an den Verbindungen die Vorgangsbeziehungen des aktuellen Vorgangs angezeigt. Zum Beispiel EA für eine Ende-Anfang Beziehung. Nachfolgende Abbkürzungen werden in dem Netzplan angezeigt:

Abkürzung	**Bedeutung**
EA	Ende-Anfang
EE	Ende-Ende
AA	Anfang-Anfang
AE	Anfang-Ende

Arbeiten mit der Zeitskala

Die Zeitskala oberhalb der Vorgangsanzeige besteht aus zwei Teilen, die variabel eingestellt werden können. Dabei werden in dem oberen Skalenbereich die übergeordneten Zeiteinheiten, wie Monate, Quartale oder Wochen aufgeführt und im unteren Bereich die untergeordneten Zeiteinheiten wie Wochen, Tage oder Stunden angezeigt.

Nr.	Name	Dauer	7. Juni	14. Juni	21. Juni	28. Juni
			7.6.	14.6.	21.6.	28.6.

Abb. 5-23: Aufbau der Zeitskala

Cursorreise durch die Zeit

Wird ein Projekt angezeigt, erlauben die Tastenkombinationen Alt+← ein "Rollen" der Projektdarstellung nach links, also in die Vergangenheit. Analog verschiebt die Tastenkombination Alt+→ die Darstellung nach rechts in die Zukunft. Bildschirmweise erfolgen diese Sprünge mit den Tasten Alt+Bild↑ oder Alt+Bild↓. Der Anfangs- oder Endtermin eines Projekts wird mit den Tasten Alt+Pos1 für den Projektanfang und Alt+Ende für das Projektende angesprungen. Desweiteren besteht die Möglichkeit, über den horizontalen Scrollbalken eine Skalenverschiebung vorzunehmen. Dazu wird das Rollfeld bei gedrückter Maustaste über den Scrollbalken gezogen. MS-Project zeigt dann in einem Fenster den aktuellen Zeitpunkt an.

Ändern der Zeitskala

Bei längeren Projekten werden im Balkendiagramm spätere Vorgänge über den rechten Rand des Bildschirms hinaus verschoben. Einen ähnlichen Effekt wie das Zoomen bei einer Netzplandarstellung erreicht man, indem die Zeitskalen verändert werden.

In unserem Beispiel stellt die Hauptskala die Monate dar, die Unterskala die Wochentage. Hier wählt man analog zum Zoomen den Menüpunkt Format Zeitskala aus. Es erscheint ein Dialogfenster, in dem für jede Skala neue Einheiten, Beschriftungen und Formatierungen angegeben werden können. Eine Auswahl erhält man, indem der entsprechende Pfeil angeklickt wird. Die Auswahl erfolgt ebenfalls durch einen Mausklick. Die Übernahme erfolgt über die Schaltfläche ***OK***.

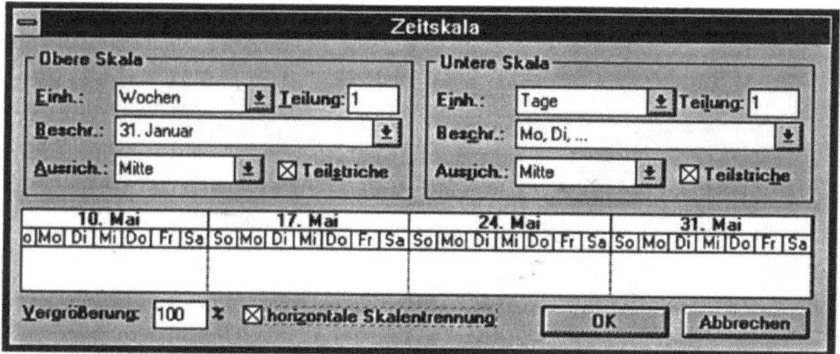

Abb. 5-24: Dialogbox zur Änderung einer Zeitskala

Mit der Tastatur [Alt]+[↓] werden die möglichen Eingabefelder der Skalen gewechselt. Auf einem Auswahlpunkt erfolgt die Anzeige der Auswahlmöglichkeiten durch Drücken der Taste [↓]. Die Anwahl erfolgt durch [↵].

Vergrößerung in Prozent

Durch die Reduzierung der Zeiteinheiten auf den Skalen läßt sich ein Projekt als Ganzes am Bildschirm anzeigen.

Sollen die Zeiteinheiten <u>nicht</u> verändert werden, besteht desweiteren die Möglichkeit, die Zeitskala auf dem Bildschirm zu stauchen oder zu strecken. In dem Feld ***Vergrößerung*** steht im Normalfall 100 Prozent. Soll die Zeitskala verkleinert dargestellt werden, so daß auf dem gleichen Bildschirmplatz ein größerer Zeitraum angezeigt wird, kann dieser Wert zum Beispiel auf 60 Prozent reduziert werden. Die Beschriftung der Skala wird dann entsprechend angepaßt.

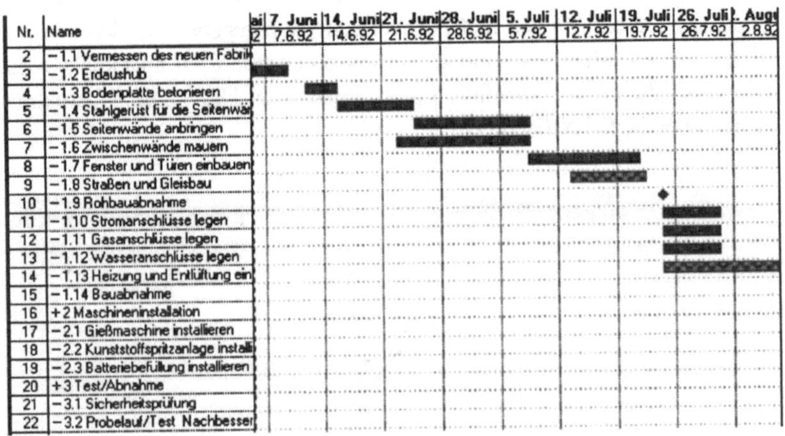

Abb. 5-25: Darstellung eines Balkendiagramms mit geänderter Zeitskala

Aufruf der Zeitskala

Ein Doppelklick mit der Maus an einer beliebigen Stelle einer Skala öffnet direkt das Dialogfeld Zeitskala. Über die Tastatur lassen sich die mit der Kombination [Strg]+[X] (Steuerung und die Multiplikationstaste im Zahlenblock) die Skalenwerte vergrößern; [Strg]+ / (Steuerung und die Divisionstaste im Zehnerblock) verkleinert die Skalenwerte.

Gliederung von Vorgängen

Es ist es notwendig ein Projekt in einzelne Phasen zu gliedern. In dem Fall Batta Batterien AG möchte der Vorstand beispielsweise nur über die Fertigstellung der Hauptphasen Bau, Maschineninstallation und Test informiert werden.

Zusammenfassung von Vorgängen

Zu diesem Zweck können einzelne Vorgänge bestimmten Phasen, beispielsweise der Bauphase oder der Installationsphase, untergeordnet werden. Eine übergeordnete Phase wird wie ein Vorgang (Sammelvorgang) behandelt.

Zu beachten ist, daß nur mehrere Einzelvorgänge zu einem Sammelvorgang zusammengefaßt werden können. Sammelvorgänge können auch nicht mit einem Unterprojekt verknüpft werden. Die Erstellung eines Sammelvorgangs erfolgt wie ein Vorgang in dem Projekt.

Innerhalb der Vorgangsliste wird mit der Taste [Einfg] ein neuer Vorgang mit dem Namen *Bauphase* eingegeben. Im nächsten Schritt werden alle Vorgänge (2 bis 15) markiert, die zur Bauphase gehören. Mehrere aneinandergrenzende Vorgänge werden markiert indem mit gedrückter Maustaste über die gewünschten Vorgänge gezogen wird, oder indem mit festgehaltener [⇧]-Taste und einer Cursortaste die Vorgänge dunkel unterlegt werden. Diese Vorgänge sollen der Phase untergeordnet werden. Mit der Maus wird hierzu nur der Pfeil nach rechts unterhalb der Menüzeile angeklickt.

Auf der Tastatur erfolgt die Herabstufung durch die Tastenkombination [Alt]+[⇧]+[→].

Sammelvorgänge werden im Balkendiagramm als schwarze Balken mit kleinen Pfeilen am Anfang und Ende dargestellt.

Kennzahlen für Sammelvorgänge

Wie bei jedem einzelnen Vorgang berechnet MS-Project auch die Kennzahlen für die Sammelvorgänge. Der Starttermin ist der Beginn des heruntergestuften Vorgangs, der am frühesten beginnt. Endtermin für einen Sammelvorgang ist das späteste Ende des letzten herabgestuften Vorgangs. Die Zeiten werden als ***fortlaufende Tage*** (ft) berechnet, in denen arbeitsfreie Zeit enthalten ist.

Ziel der Sammelvorgänge ist eine übersichtlichere Darstellung des Projektverlaufs. Um dies zu erreichen müssen die herabgestuften Vorgänge ausgeblendet werden. Hierzu sind diese zu markieren. Durch einen Mausklick auf die "Minus-Taste" im rechten Teil der Editierzeile unter der Menüleiste werden diese Vorgänge nicht mehr angezeigt. Mit einem Klick auf die "Plus-Taste" zeigt MS-Project die ausgeblendeten Vorgänge wieder an.

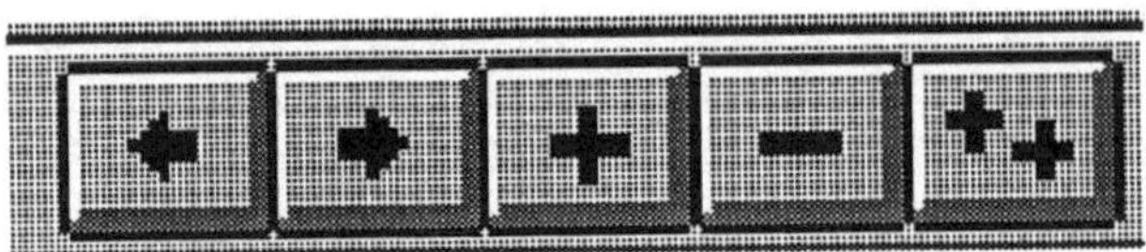

Abb. 5-26: Die Gliederungstasten in der Editierzeile

Auf der Tastatur erfolgt das Hochstufen über die Tastenkombination Alt+⇧+←. Herabgestuft wird mit Alt+⇧+→.

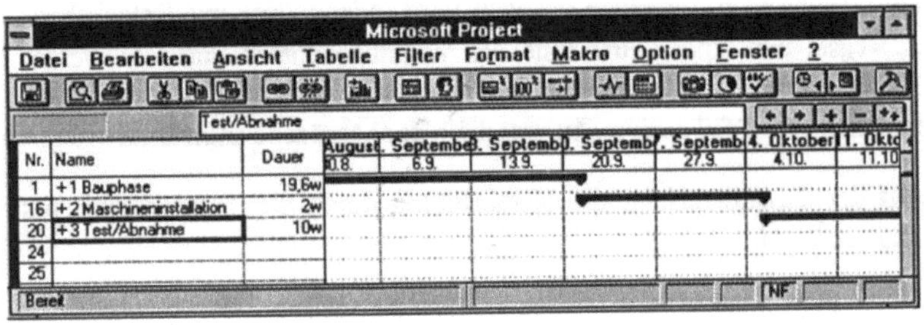

Abb. 5-27: Übersicht der Sammelvorgänge

Filtern von Vorgängen

Große Projekte erfordern jedoch nicht nur eine Gliederung, sondern auch eine selektive Auswahl einzelner Vorgänge. Diese Möglichkeit ist bei MS-Project durch das "Herausfiltern" von Vorgängen oder Ressourcen, die im weiteren Verlauf gemeinsam als Objekte bezeichnet werden sollen, gegeben. Nach der Aktivierung eines Filters werden nur noch die Objekte in der Ansicht angezeigt, die einer bestimmten Bedingung entsprechen. Dabei können sich Filter auf Vorgänge oder Ressourcen beziehen. Als Beispiel soll ein Filter auf alle Vorgänge gesetzt werden, die zu einem bestimmten Zeitpunkt anfangen. Über Anweisungen (Kriterien) wird MS-Project mitgeteilt, welche Bedingungen erfüllt sein müssen damit die Objekte angezeigt werden.

Objekte, die die Kriterien nicht erfüllen, werden nicht angezeigt. Sie werden jedoch bei den Berechnungen weiterhin berücksichtigt. Ein Filter arbeitet so, daß bei jeder Berechnung die aktuellen Werte der Objekte mit den Filterkriterien verglichen werden.

Abb. 5-28: Anzeige der auswählbaren Filter

Unterschieden werden zwei Filterarten:

⇨ normale oder feste Filter und

⇨ interaktive Filter.

Bei normalen Filtern sind die Kriterien fest vorgegeben. Änderungen sind in diesem Fall nicht möglich.

Feste Filter

Bei interaktiven Filtern öffnet sich vor der Aktivierung ein Dialogfenster, in dem spezielle Filterkriterien angegeben werden können.

Interaktive Filter

Mit Hilfe des Befehls **Filter** und **Filter definieren** können eigene Filter erstellt werden. Die Festlegung eigener Filter wird später ausführlicher erläutert. Zu beachten ist, daß ein Filter nicht im Netzplan-Diagramm angewendet werden kann.

Bei der Verwendung einer Ansichtenkombination, also der Darstellung von zwei Ansichten gleichzeitig am Bildschirm, darf sich ein Filter nur auf die Ansicht beziehen, die im oberen Bildschirmteil angezeigt wird. Wird die Gliederungsfunktion benutzt, sollten die Sammelvorgänge mit dem Befehl **Format Gliederung** ausgeschaltet werden. Hierzu wird das Kreuz im Feld **Sammelvorgänge** durch einen Mausklick entfernt.

Es kann jeweils nur ein Filter aktiv sein. Die Aktivierung eines neuen Filter, hebt die Wirkung des bisherigen auf. Sollen mehrere Kriterien auf die Objekte wirken, kann dies durch die Erstellung eines neuen oder die Änderung eines bestehenden Filters erreicht werden.

Aktivieren eines Filters

Werden neue Vorgänge oder Ressourcen eingegeben, so muß der Filter mit ⇧+F3 erneut aktiviert werden. Die Aktivierung eines Filters geschieht in jedem Fall über den Menüpunkt **Filter**. Im einfachsten Fall wird aus der angezeigten Liste der entsprechende Filter ausgewählt.

Als Beispiel wird bei dem interaktiven Filter ***Terminbereich*** eine Dialogbox geöffnet, in die als Kriterien der erste und der letzte Termin anzugeben sind. Bei Termineingaben muß auch eine Zeit mit angegeben werden.

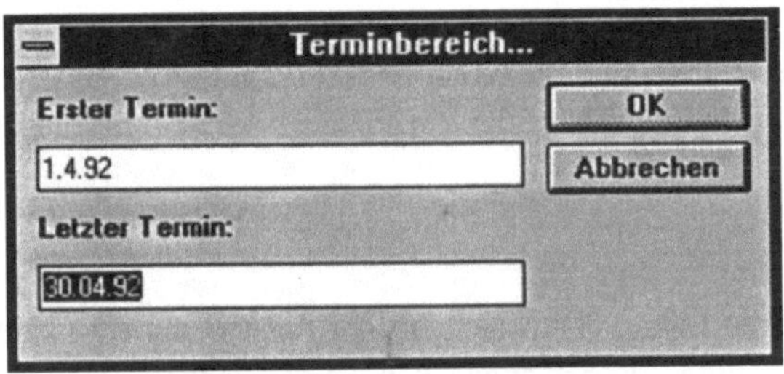

Abb. 5-29: Eine interaktive Abfrage für den Filter "Terminbereich"

Eine weitere Möglichkeit ist eine Aktivierung über den Menüpunkt **Filter** und **Filter festlegen**. Über die Schaltfläche **Vorgang** oder **Ressource** werden die zugehörigen Filter angezeigt. Mit einem Mausklick auf dem ausgewählten Filter und der Bestätigung mit einem Klick auf dem Feld **Bestimmen** wird dieser aktiviert. Bei interaktiven Filtern öffnet sich dann die Dialogbox, in der die Werte für die Kriterien einzugeben sind. Die Erstellung eigener Filter wird in dem Kapitel Filter erstellen beschrieben.

Aufgehoben werden Filter, indem man [F3] drückt oder in der Filterauswahl ***Alle Vorgänge*** oder ***Alle Ressourcen*** anwählt. Der letzte Filterbefehl wird von MS-Project zwischengespeichert und kann über die Tastenkombination [⇧] + [F3] erneut aktiviert werden.

5.1.7 Speichern des Projektplans

Speichern!

Das Speichern eines Projekts sichert die Projektdaten auf einem Datenträger des PC. Hierzu muß für die anzulegende Datei ein Name vergeben werden. Dieser wird bei dem ersten Speichervorgang von MS-Project abgefragt. Standardmäßig ist dies der Name *Projekt1*, der in der Dialogbox geändert werden sollte. Hierzu wählt man den Menüpunkt **Datei** und **Speichern** an oder drückt die Tastenkombination [Alt]+ [⇧]+[F2] oder [⇧]+ [F12].

Speichern

1. Die Dialogbox aufrufen
2. Den Dateinamen angeben
3. Bestätigung mit der Schaltfläche OK oder [↵]

Die Daten werden automatisch unter dem vorgegebenen Dateinamen gespeichert. Sollen die Projektdaten unter einem neuen Namen oder auf einem anderen Datenträger gesichert werden, so ist der Menüpunkt **Datei und Speichern unter** anzuwählen. Auch dieser Befehl kann über eine Tastenkombination, in diesem Fall [Alt] + [F2], aufgerufen werden. In einem Eingabefeld erscheint dann der derzeitige Projektname, der geändert werden kann. Soll beispielsweise eine Sicherungskopie auf einer Diskette erfolgen, so wird der Name um eine eventuell notwendige Pfadangabe und den DOS-Laufwerksbuchstaben ergänzt.

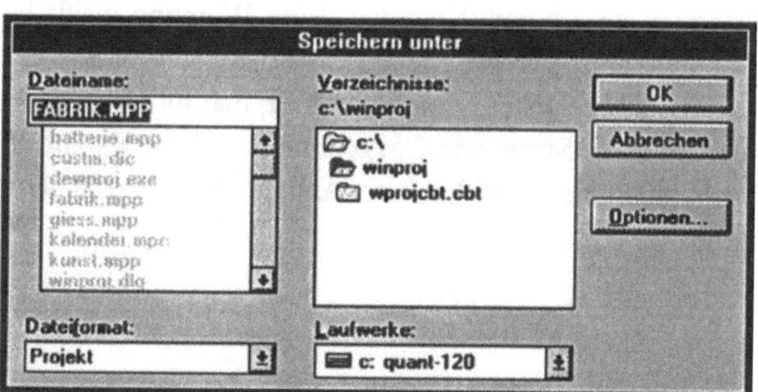

Abb. 5-30: Dialogbox zur Speicherung eines Projekts

5.1.8 Druck der Diagramme

Da MS-Project unter Windows abläuft, stehen alle unter Windows angegeben Drucker für Druckausgaben zur Verfügung.

Druckereinrichtung

Unter Windows erfolgt die Druckerinstallation über die Systemsteuerung. Weitere Informationen sollten der Systemdokumentation von Windows entnommen werden, da der Ablauf bei den einzelnen Windows-Versionen unterschiedlich ist.

In jedem Fall ist vor dem ersten Druck oder dem Anschluß eines anderen Druckers über den Menüpunkt **Datei** und **Druckereinrichtung** der aktuelle Drucker zu aktivieren. Aus der angezeigten Liste wird der zutreffende Drucker durch einen Mausklick oder über die Tastatur mit dem Cursor ausgewählt.

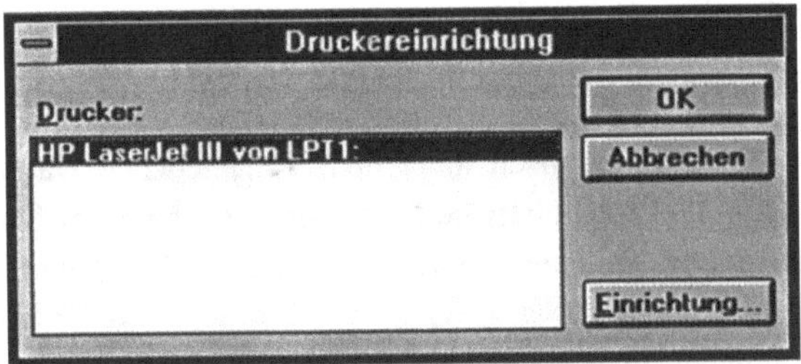

Abb. 5-31: Die Dialogbox zur Druckerauswahltahl

Wird der Drucker zum ersten Mal eingesetzt, sollten über die Auswahl **Einrichtung** die Voreinstellungen für die Papiergröße, Grafikauflösung, Blattformat etc. überprüft werden. Eine Warnung weißt bei Version 3.0 darauf hin, daß die vorgenommenen Änderungen für alle installierten Windows-Programme gelten. Zu beachten ist, daß für Druckausgaben im Querformat an dieser Stelle eine Umstellung des Formates auf das ***Querformat*** erfolgen muß. Dies wird durch ein Ankreuzen des Pushbuttons ***Querformat*** erreicht.

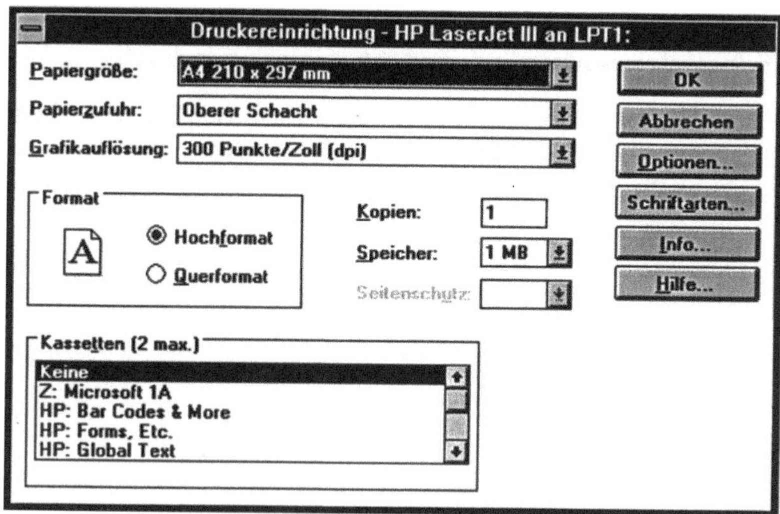

Abb. 5-32: Die Dialogbox zur Konfiguration eines Druckers

Nachdem die Druckerinstallation abgeschlossen ist, sollte noch die Textgestaltung, das sogenannte Layout, überprüft werden. Das Layout bezeichnet die komplette Überarbeitung eines Textes bis zur Druckreife hin. Dies wird oftmals auch als Formatierung bezeichnet. Über den Menüpunkt **Datei** und **Seite einrichten** läßt sich die Druckausgabe entsprechend gestalten.

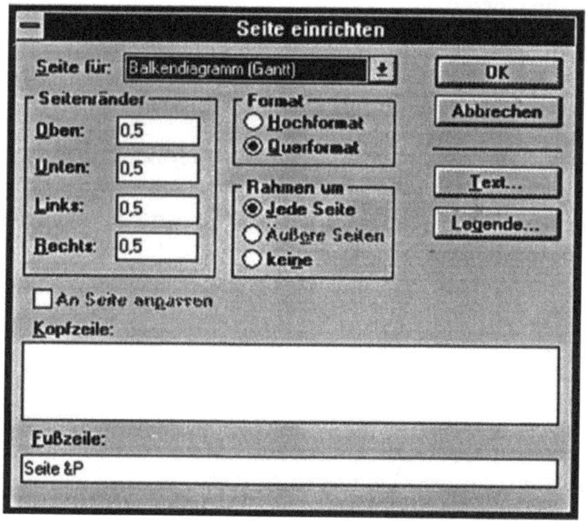

Abb. 5-33:Darstellung der Dialogbox Seite einrichten

Über die vier Einstellungen: ***Seite für*, *Seitenrand*, *Kopfzeilen*** und ***Fußzeilen*** kann an dieser Stelle ein Ausdruck gestaltet werden.

Durch einen Mausklick auf den Pfeil nach unten oder dem Tastendruck Alt + ↓ in dem Feld ***Seite für*** werden alle Ansichten angezeigt, die gedruckt werden können. Damit ist eine erste optische Kontrolle vor dem Druck möglich.

Seitenränder

Über den Feldblock ***Seitenränder*** lassen sich der obere, untere, rechte und linke Seitenrand in Zentimeter eingeben.

Kopf- und Fußtext

Unter dem Punkt ***Kopfzeile*** läßt sich Text eingeben, der oben auf jeder Seite gedruckt wird. Analog zu den Kopfzeilen kann Text für ***Fußzeilen*** eingegeben werden.

Durch Platzhalter, oder Codes können bestimmte Druckwerte in die Kopf- und Fußzeilen eingegeben werden. Platzhalter in Kopf- und Fußzeilen sind

&D Druckt das Datum an dem der Bericht ausgedruckt wird.

&U Druckt die Uhrzeit

&S Druckt die aktuelle Seitennummer

&N Druckt den Namen der Projektdatei

&p Druckt den Projektnamen aus der Projektinformation

Eingegebene Kopf- und Fußzeilen werden für jede Ansichtenart definiert und mit der Projektdatei gespeichert.

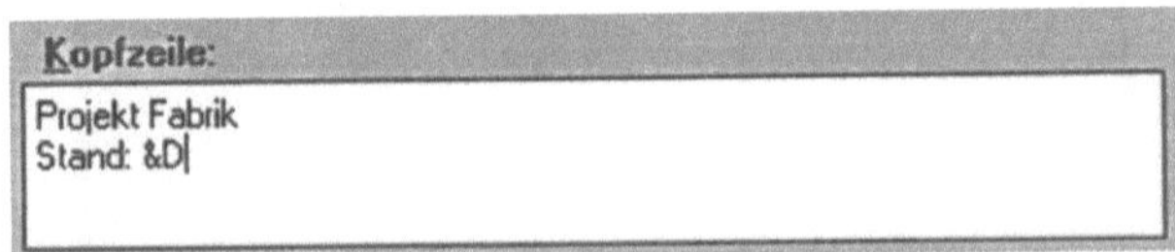

Abb. 5-34: Eingabe eine Seitenkopfes

Die Textgestaltung einzelner Druckbereiche läßt sich festlegen, indem nach der Auswahl von **Text** der entsprechende Bereich mit der Maus ausgewählt wird. Über die Punkte Schriftart, Größe und Farbe läßt sich der Druckbereich gestalten.

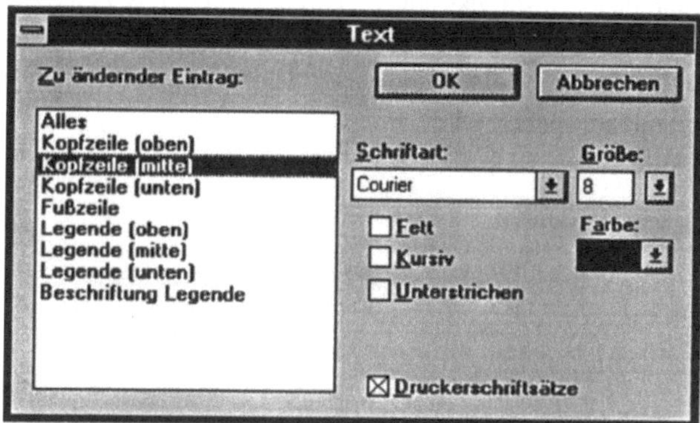

Abb. 5-35: Die Positionierung einzelner Textelemente

Legende

Mit der Anwahl von **Legende** aus der Dialogbox **Layout** kann für jeden Bericht ein erläuternder Text mit ausgedruckt werden. Über Schaltknöpfe läßt sich bestimmen, wo dieser Text gedruckt werden soll. Auch in die Legendentexte können die Platzhalter eingesetzt werden.

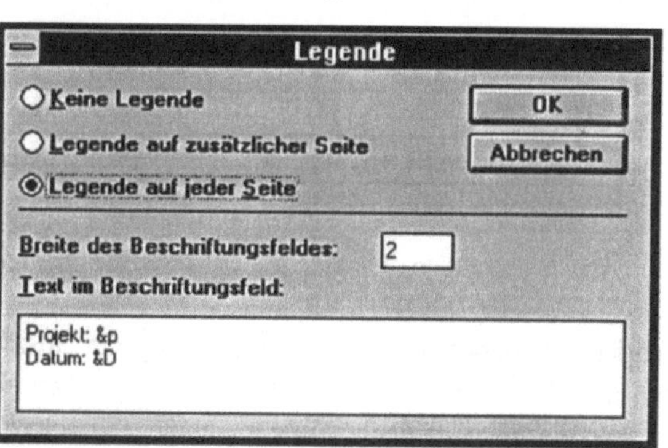

Abb. 5-36: Möglichkeiten zur Festlegung des Legendenformats

Die Textbreite des Bereichs, in dem der Legendentext gedruckt werden soll, kann in dem Feld ***Textbreite*** angegeben werden. In den Standardeinstellungen wird die Maßeinheit für diese Option angegeben.

Gestartet wird ein Ausdruck über den Menüpunkt **Datei** und **Drucken**. Der Ausdruck erfolgt genau in dem Format, in dem eine Ansicht am Bildschirm dargestellt wird. Durch die Verwendung eines Filters oder der Gliederungsfunktion lassen sich Vorgänge auswählen. Weitere Selektionen lassen sich bei dem Start eines Ausdrucks angeben. In der Dialogbox Zeitskala läßt sich durch die Angabe im Feld ***Vom*** der Starttermin und im Feld ***Bis*** der Endtermin für die Druckausgabe angeben. Hierbei ist zu beachten, daß auch die Uhrzeit mit angegeben wird!

Ausdruck von Ansichten

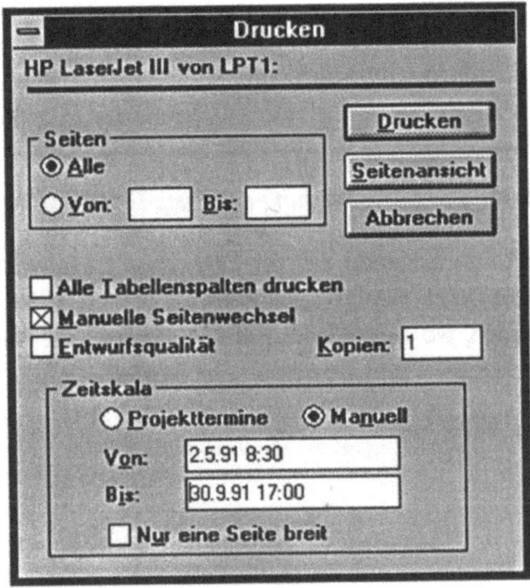

Abb. 5-37: Die Dialogbox zur Begrenzung eines Ausdrucks

In der folgenden Dialogbox kann eine Begrenzung der auszudruckenden Seitenzahlen und die Anzahl der Druckkopien angegeben werden. Als weitere Begrenzung kann eine Zeitbegrenzung eingegeben werden. Bei MS-Project Version 1.0 erfolgte noch die Abfrage einer Druckbestätigung.

5.1.9 Seitenansicht

Neu in Project 3.0

Die MS-Project Version 3.0 wurde um den Punkt ***Seitenansicht*** erweitert. Hierdurch ist es jetzt möglich, Druckausgaben vorher am Bildschirm darzustellen. Ebenso lassen sich Layoutänderungen in diesem Modus durchführen.

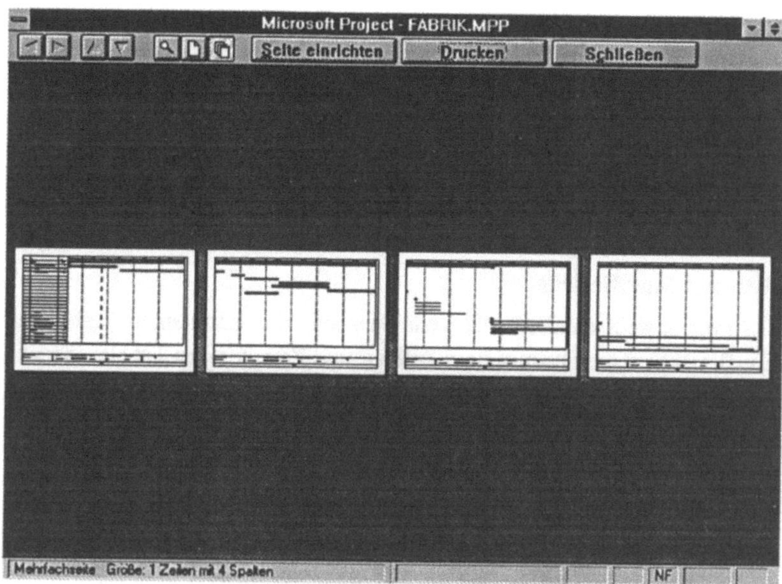

Abb. 5-38: Darstellung der Seitenansicht

Hervorzuheben ist die Möglichkeit, mehrere Druckseiten gleichzeitig am Bildschirm darzustellen. Wie aus anderen Programmen von Microsoft die unter Windows arbeiten, läßt sich die Druckausgabe auch vergrößert darstellen. In diesem Fall ändert der Cursor seine Form in eine Lupe. Ein Mausklick öffnet die Ansicht einer vergrößerten Bildschirmdarstellung. Auch ein Mausklick auf das Zeichen einer Lupe in der Funktionsleiste der Seitenansicht vergrößert (zoomt) die aktuelle Bildschirm Darstellung.

Abb. 5-39: Darstellung der Auswahlleiste bei der Seitenansicht

Wie bisher bekannt, kann die Druckausgabe einer Seite angezeigt werden. Mit den Pfeiltasten kann die Anzeige der nächsten oder der vorhergehenden Seite ausgewählt werden. Bei Grafikausgaben besteht dazu die Möglichkeit, auf und ab zu blättern. In diesem Fall kann so ein Ausschnitt der Druckausgabe angezeigt werden.

Mit der Auswahl ***Seite einrichten*** kann das Seitenlayout geändert werden. *Drucken* startet die Ausgabe auf den Drucker. In diesem Fall werden die gleichen Eingaben abgefragt, die auch bei einem Druckstart über **Datei Drucken** benötigt werden.

5.1.10 Drucken von Berichten

Auswahl eines Berichts

MS-Project stellt standardmäßig eine Vielzahl von Berichten zu Verfügung. Ein Bericht entspricht in seinem Aufbau und Zweck einer Tabelle. So wie Tabellen definierte Auswertungen am Bildschirm anzeigen, druckt ein Bericht eine definierte Auswertungen über den Drucker aus. Hierzu wird über den Menüpunkt **Datei** und **Bericht drucken** eine Dialogbox eröffnet.

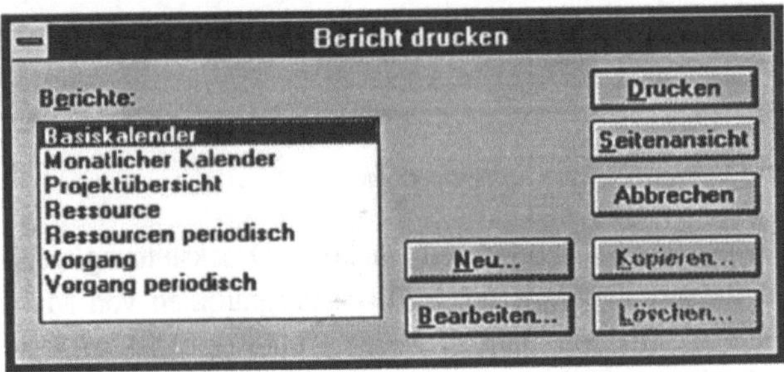

Abb. 5-40: Aufstellung der Standardberichte

Aus der angebotenen Liste läßt sich an dieser Stelle ein Bericht auswählen. Ein Mausklick auf **Drucken** oder die Tastatureingabe [D] starten den Ausdruck. In der folgenden Dialogbox kann ein Berichtzeitraum angegeben werden. MS-Project setzt standardmäßig den Projektzeitraum in die Terminfelder ein, der durch Neueingaben im Druckmenü verändert werden kann.

So wie Filter oder Tabellen sich eigenständig definieren lassen, können auch Berichte individuell erstellt werden. Die Vorgehensweise hierzu wird in dem Kapitel Erstellen und bearbeiten von Berichten näher beschrieben.

6 Zuordnung der Ressourcen

6.1 Projektplan öffnen

Wurde MS-Project nach der Erstellung des Projektplans verlassen, ist das zu bearbeitende Projekt zu öffnen. In dem Beispiel ist dies das Projekt *Fabrik.MPP*.

Nach dem Start des Programms wird mit dem Befehl **Datei** und **Öffnen** eine Liste der gespeicherten Projekte angezeigt. Die Dateien mit den Projektdaten sind durch die Dateierweiterung **.MPP** (**M**icrosoft **P**roject **P**rojectfile) gekennzeichnet. Dateien mit der Kennung **.MPC** (**M**icrosoft **P**roject **C**alender) sind die Kalenderdateien. Eventuell werden noch Dateien mit der Kennung **.MPV** (**M**icrosoft **P**roject **V**iews) angezeigt. Diese Dateien enthalten definierte Ansichten. Hierauf wird später noch näher eingegangen.

Zu markieren ist eine Datei mit der **.MPP** Kennung, in dem Beispiel FABRIK.MPP. Die Auswahl erfolgt durch einen Doppelklick mit der Maus oder der Bestätigung durch ↵. Soll nicht der Standardkalender als Basiskalender verwendet werden, muß mit **Datei** und **Öffnen** die entsprechende Kalenderdatei mit der Kennung **.MPC** geladen werden. Die Auswahl erfolgt wie bei der Projektdatei.

Auf die Erstellung von Sicherungskopien sollte geachtet werden !

6.2 Ressourcenliste erstellen

Was sind Ressourcen ?

Als Ressourcen werden die an dem Projekt beteiligten Mitarbeiter und Maschinen bezeichnet, die zur Ausführung der Vorgänge benötigt werden. Dazu sind für jede Ressource die Verfügbarkeit und die Kosten zu erfassen. Desweiteren muß festgelegt werden, welche Ressource einem Vorgang zugeordnet werden kann.

In unserem Beispiel soll dem Vorgang ***Erdarbeiten*** eine Ressource zugeordnet werden. Hierzu erfolgt innerhalb der Vorgangsmaske, auf dem unteren Bildschirmteil, in dem Feld ***Ressourcenname*** die Eingabe einer Ressource. Da die einem Vorgang zugeordneten Ressourcen am unteren Fensterrand der Vorgangsmaske erfaßt werden, empfiehlt es sich, diese Maske zu vergrößern, indem die Trennlinie in der Mitte des Bildschirms nach oben verschoben wird. Hierdurch wird dem Vorgangsfenster mehr Bildschirmplatz zugeteilt, so daß die Ressourcen des Vorgangs besser zu sehen sind. In unserem Beispiel wird das Feld ***Ressourcenname*** angeklickt und der Name der Firma *Tiefbau Meyer* eingetragen. Da Tiefbau Meyer noch nicht in der Ressourcenliste erfaßt wurde, erkennt MS-Project, daß für diese Ressource noch keine Vorgaben eingegeben wurden. In einer Dialogbox wird gefragt, ob die Ressource neu erfaßt werden soll.

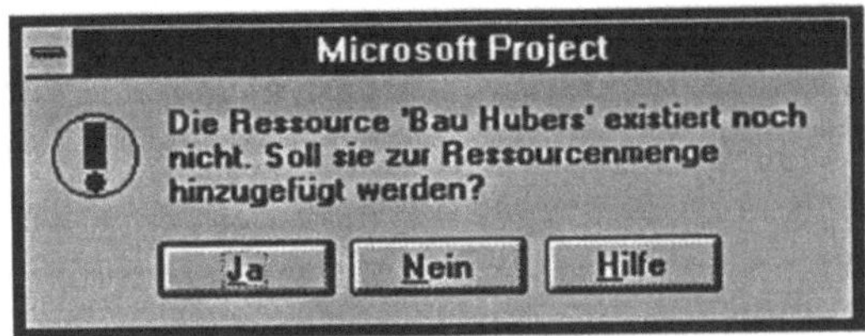

Abb. 6-1: Abfrage zur Ressourceneingabe

Wird in dieser Box ***Ja*** für das Hinzufügen der Ressource ausgewählt, öffnet sich die Eingabemaske für Ressourcen.

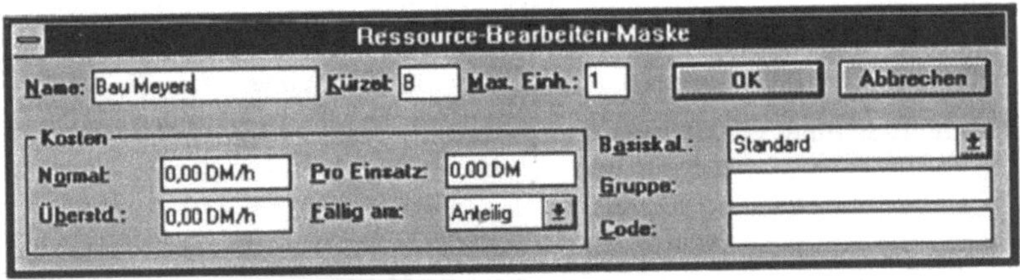

Abb. 6-2: Beispiel zur Ressourceneingabe

Wurde bei den Standardeinstellungen (**Option Standardeinstellung**) die Angabe ***Automatische Ressourcenaddition*** gewählt, entfällt die Abfrage. MS-Project fügt die Ressource automatisch mit den Standardwerten in die Ressourcenliste ein.

Kosten einer Ressource

In das Feld ***Normalpreis*** wird der Preis für eine Zeiteinheit eingetragen. Erfolgt kein Eintrag, wird (falls in den Standardwerten festgelegt) der Standardwert benutzt. Es können alle unter MS-Project verwendbaren Zeiteinheiten angegeben werden. In unserem Beispiel *300,– DM* für eine Stunde. Wurde für einen Ressourceneinsatz ein Festpreis für einen Einsatz vereinbart, kann dieser in das Feld ***pro Einsatz*** eingetragen werden. Nach der Bestätigung ist die Ressource erfaßt und steht auch für die weitere Zuordnung zu anderen Vorgängen zur Verfügung. Um später bei den Kosten eine genauere Verfolgung vornehmen zu können, kann über das Feld ***Fällig am*** angegeben werden, wann die Leistungen zu bezahlen sind.

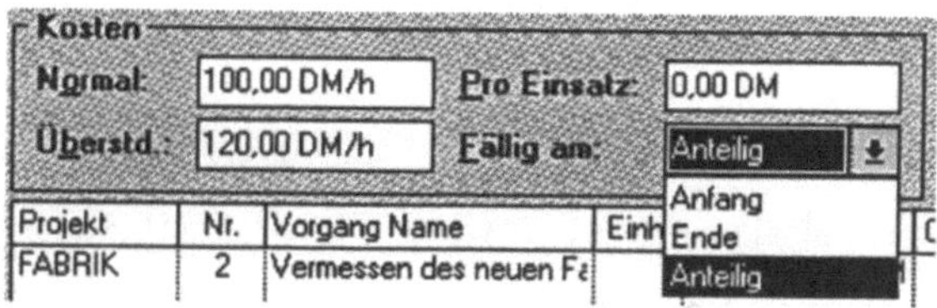

Abb. 6-3: Eingabe der Fälligkeit

In den folgenden leeren Feldern ***Ressourcenname*** können weitere Ressourcen zugeordnet werden. Die Anzahl der möglichen Ressourcen pro Vorgang ist in MS-Project mit 9999 Ressourcen für alle denkbaren Fälle ausreichend. Um eine bereits erfaßte Ressource zuzuordnen oder zu ändern wird das Feld Ressourcenname angeklickt. In der Editierzeile unter der Menüzeile erscheint ein Pfeil nach unten (siehe Marginalspalte). Wird dieser angeklickt, wird eine Auswahlliste aller Ressourcen angezeigt. Durch Anklicken in der Liste wird die dunkel unterlegte Ressource dem Vorgang zugeordnet.

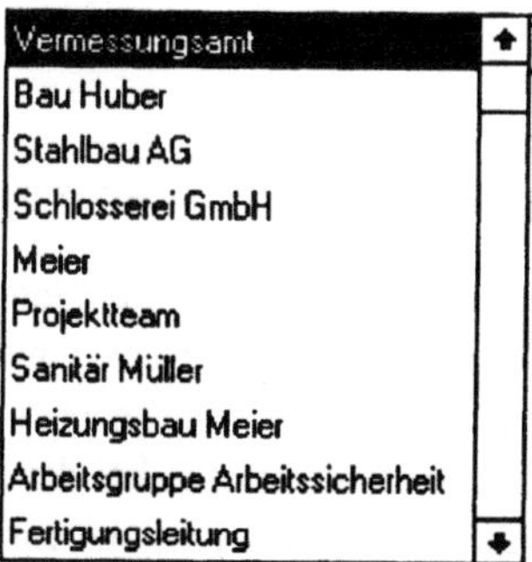

Abb. 6-4: Ressorcenauswahl in der Editierzeile

Feste Kosten

In unserem Beispiel sind jedoch Vorgänge mit Ressourcen enthalten, die pauschal abgerechnet werden. Speziell mit beteiligten Subunternehmen werden oft Festpreisaufträge vereinbart. Für die Eintragung von festen Kosten ist sicherzustellen, daß mit dem Befehl **Format** und **Kosten Ressourcen** die Kostendarstellung für die Ressourcen aktiviert ist. Mit der Firma *Heizungsbau Maier* (im Beispiel) wird für den Vorgang ***Heizung und Lüftung einbauen*** ein Festpreis von *60.000,00 DM* vereinbart. Der Eintrag solcher festen Kosten erfolgt in dem Ressourcenteil der Vorgangsmaske. In dem ersten Schritt wird in die Spalte ***Anzahl*** eine *0* eingetragen. Als nächstes wird in die Spalte ***Kosten*** der feste DM-Betrag eingetragen. So erstellte Ressoucendaten lassen sich in dem Ressourceblatt übersichtlich darstellen.

Microsoft Project

Datei Bearbeiten Ansicht Tabelle Filter Format Makro Option Fenster ?

Vermessungsamt

Nr.	Name	Gruppe	ax. Einheit	Spitze	Normalpreis	Jberstundenprei	Kosten	Arbeit
1	Vermessungsamt		1	1	100,00 DM/h	120,00 DM/h	8.000,00 DM	80
2	Bau Huber		4	2	60,00 DM/h	80,00 DM/h	25.200,00 DM	420
3	Stahlbau AG		5	2	60,00 DM/h	80,00 DM/h	14.160,00 DM	236
4	Schlosserei GmbH		1	1	60,00 DM/h	80,00 DM/h	4.800,00 DM	80
5	Meier		1	1	40,00 DM/h	60,00 DM/h	1.600,00 DM	40
6	Projektteam		1	1	150,00 DM/h	200,00 DM/h	8.400,00 DM	56
7	Sanitär Müller		3	2	70,00 DM/h	110,00 DM/h	16.800,00 DM	240
8	Heizungsbau Meier		1	1	0,00 DM/h	0,00 DM/h	60.000,00 DM	80
9	Arbeitsgruppe Arbeitssich		1	1	150,00 DM/h	180,00 DM/h	6.000,00 DM	40
10	Fertigungsleitung		1	1	200,00 DM/h	250,00 DM/h	40.000,00 DM	200
11	Skiskibowski		1	1	120,00 DM/h	180,00 DM/h	4.800,00 DM	40
12								
13								
14								
15								
16								
17								
18								
19								
20								
21								
22								
23								

Bereit NF

Abb. 6-5: Darstellung mit der Ansicht "Ressourcenblatt"

Es lassen sich in dieser Ansicht auch die Ressourcen verwalten. Dies ist dann sinnvoll, wenn z. B. zu Beginn des Projekts die beteiligten Ressourcen festgelegt sind und diese zeilenweise eingegeben werden sollen. Dadurch werden die Eingaben der Ressourcendaten bei der Vorgangseingabe reduziert. Basis für den Spaltenaufbau des Ressourcenblatts ist die hinterlegte Tabelle, hier **Übersicht**, in der Ansichtendefinition.

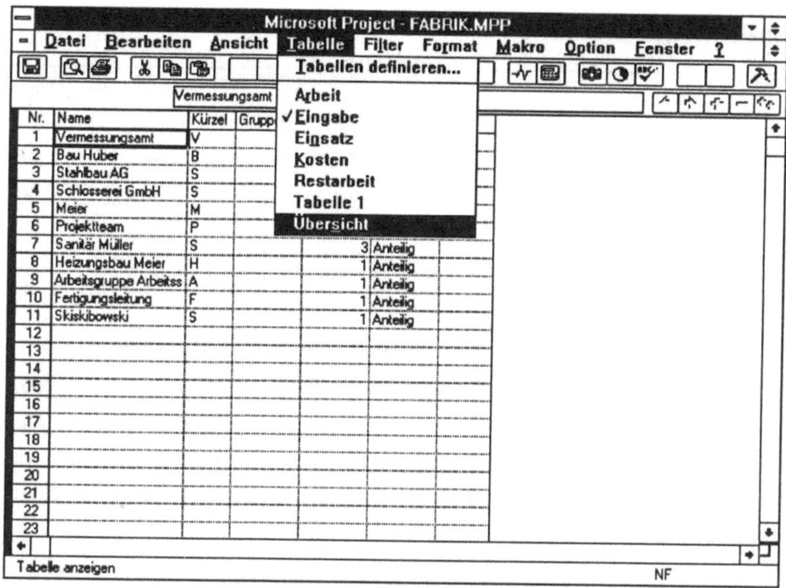

Abb. 6-6: Zuordnung der Tabelle "Übersicht" zur Ansicht "Ressourcenblatt"

Sollen Eingaben für mehrere Ressourcen gelten, sind diese zuerst mit der Maus zu markieren. Durch einen Klick auf das ***Maske-Symbol*** der Symbolleiste wird die Eingabemaske angezeigt. In diese werden die Daten eingegeben, die für alle markierten Ressourcen gelten sollen. In dem Feld ***Name*** erfolgt keine Eingabe

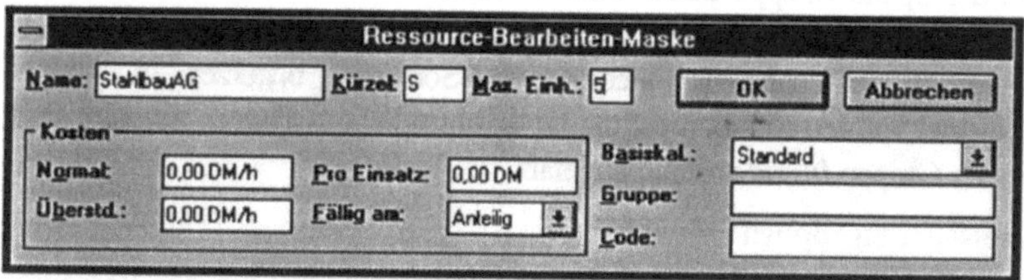

Abb. 6-7: Standardeingabemaske für Ressourcen

Manchmal sind in dem Ressourcenblatt bei einigen Ressourcen, zum Beispiel der Ressource Stahlbau AG, die vorgegebenen Spaltenbreiten zu klein. Dies wird mit Doppelkreuzen (#) in den zu schmal ausgelegten Spalten angezeigt.

Spaltenbreite verändern

Nr.	Name	Gruppe	ax. Einheit	Spitze	ormalpre	Jberstundenprei:	Kosten	Arbeit
1	Vermessungsamt		1	1	#####	120,00 DM/h	8.000,00 DM	80h
2	Bau Huber		4	2	#####	80,00 DM/h	25.200,00 DM	420h
3	Stahlbau AG		5	2	#####	80,00 DM/h	14.160,00 DM	236h
4	Schlosserei GmbH		1	1	#####	80,00 DM/h	4.800,00 DM	80h
5	Meier		1	1	#####	60,00 DM/h	1.600,00 DM	40h
6	Projektteam		1	1	#####	200,00 DM/h	8.400,00 DM	56h
7	Sanitär Müller		3	2	#####	110,00 DM/h	16.800,00 DM	240h
8	Heizungsbau Meier		1	1	#####	0,00 DM/h	60.000,00 DM	80h
9	Arbeitsgruppe Arbeitssich		1	1	#####	180,00 DM/h	6.000,00 DM	40h
10	Fertigungsleitung		1	1	#####	250,00 DM/h	40.000,00 DM	200h
11	Skiskibowski		1	1	#####	180,00 DM/h	4.800,00 DM	40h

Abb. 6-8: Ein Ressourcenblatt mit einer zu schmalen Kostenspalte

Hier kann durch ein Festhalten und gleichzeitiges Ziehen auf der rechten Spaltenlinie im Formularkopf die Spaltenbreite verändert werden. Der Maus-Cursor wandelt sich dabei in die Form eines Längsstriches mit zwei kleinen Pfeilen nach links und rechts. Es kann immer nur der rechte Spaltenrand verändert werden.

Nr.	Name	Grupp	ax. Einheit	Spitze	Normalpreis	Überstundenpreis	Kosten	Arbeit
1	Vermessungsamt		1	1	100,00 DM/h	120,00 DM/h	8.000,00 DM	80h
2	Bau Huber		4	2	60,00 DM/h	80,00 DM/h	25.200,00 DM	420h
3	Stahlbau AG		5	2	60,00 DM/h	80,00 DM/h	15.560,00 DM	236h
4	Schlosserei GmbH		1	1	60,00 DM/h	80,00 DM/h	4.800,00 DM	80h
5	Meier		1	1	40,00 DM/h	60,00 DM/h	800,00 DM	20h

Abb. 6-9: Anzeige nach der Spaltenerweiterung

Wenn eine Spalte verdeckt werden soll, wird die rechte Spaltenlinie einfach soweit nach links verschoben, bis sie mit der rechten Begrenzung übereinstimmt.

In der Spalte ***Gruppe*** lassen sich Ressourcen zusammenfassen. An dieser Stelle können Ressourcen zu Gruppen zusammengefaßt werden. Dieses Feld läßt sich später als Filter oder zur Sortierung benutzen. In unserem Beispiel wurden Ressourcen, die an den Installationsarbeiten beteiligt sind, in der Gruppe *Install* zusammengefaßt.

Ressourcengruppen

In einer weiteren **Ansicht**, der **Ressourcenmaske**, wird für jede Ressource das Projekt und der Vorgangsname an dem die Ressource beteiligt ist, angezeigt.

Ressourcenmaske

Die folgende Darstellung enthält alle Einzelheiten wie Kosten-, Projektplan- oder Arbeitsinformationen. Durch Anklicken der ***Vorher***- oder ***Weiter***-Buttons kann geblättert werden. An dieser Stelle sei darauf hingewiesen, daß hier auch festgestellt werden kann, in welchen Projekten eine Ressource eingesetzt wird.

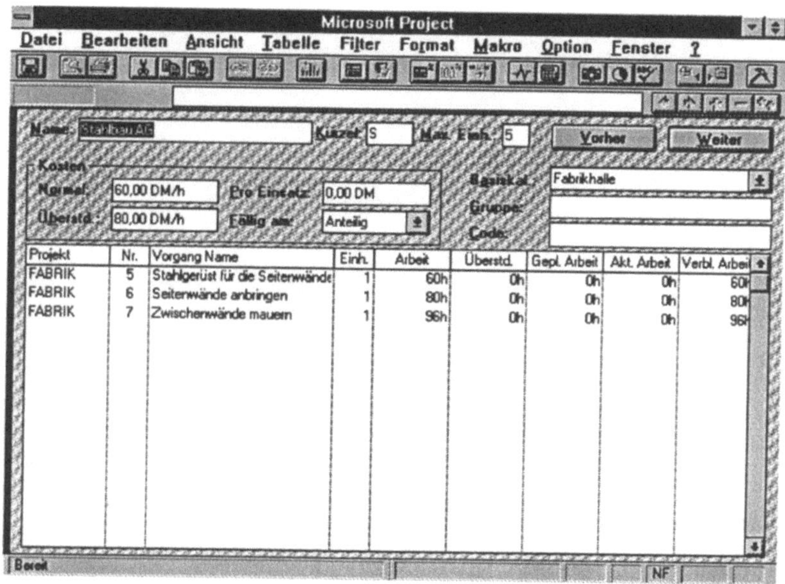

Abb.6-10: Darstellung einer Ressourcenmaske

Ressourcenkalender

jede Ressource hat ihren Kalender

Die Verfügbarkeit einer Ressource ist auch zeitmäßig zu erfassen. Hierzu kann für jede Ressource ein Ressourcenkalender erstellt werden, in dem festgelegt wird, in welchem Zeitrahmen die Ressource zur Verfügung steht. Zur Erstellung eines Ressourcenkalenders wird bei dem Menüpunkt **Ansicht** die **Ressourcenmaske** ausgewählt. Durch einen Mausklick wird die Ressource ausgewählt, für die ein Kalender erstellt werden soll. Über den Menüpunkt **Option** und **Ressourcenkalender** blendet sich die Dialogbox zur Eingabe der Kalenderdaten ein.

Wie bei dem Basiskalender eines Projekts können an dieser Stelle die Arbeitstage und arbeitsfreien Tage sowie die täglichen Arbeitszeiten in einem speziellen Kalender für die ausgewählte Ressource festgelegt werden.

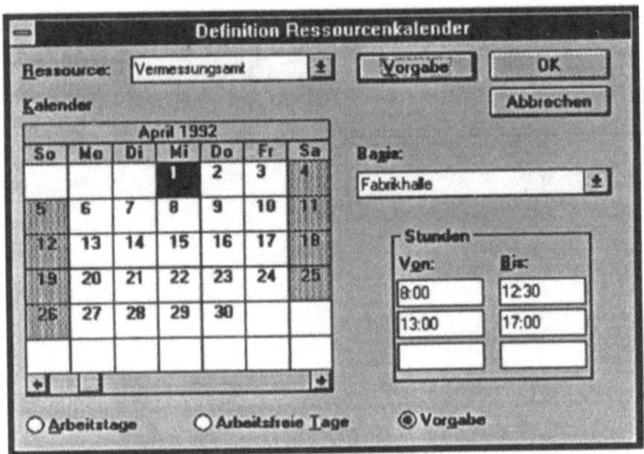

Abb. 6-11: Änderungen im Ressourcenkalender

Ressourcenbelastung anzeigen

Um die Ressourcenbelastung zu überwachen wird eine Kontrollfunktion benötigt. Sind alle Ressourcen zugeordnet, kann statt der Vorgangsmaske im unteren Bildschirmteil die Ansicht **Belastung Ressourcen** angezeigt werden. Ist eine Ressource überlastet, wird in der untersten Bildschirmzeile die Meldung **Ausgleichen :** *Ressourcenname* angezeigt.

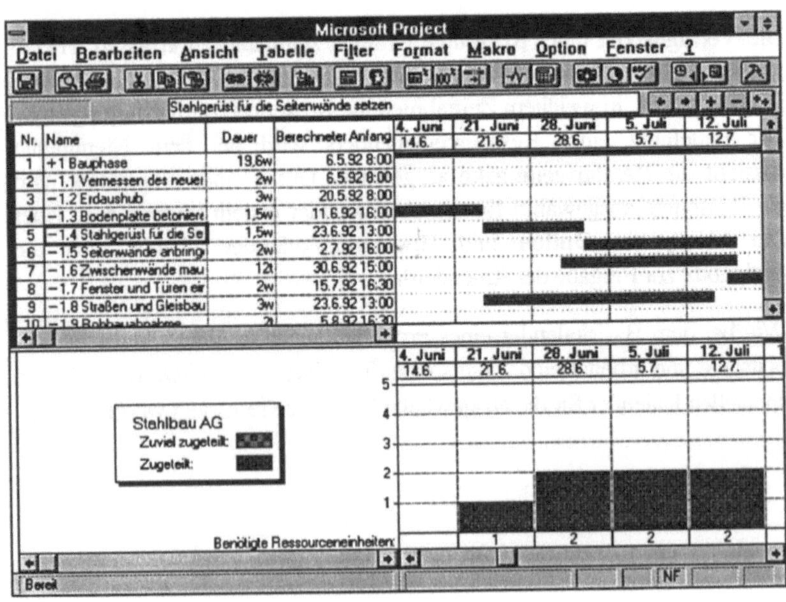

Abb. 6-12: Anzeige der Ressourcenbelastung

Ressource ändern.

Ist als Ansicht gerade das **Ressourcenblatt** aktiv, wird die kritische Ressource rot dargestellt. Die Aufforderung **Ausgleichen** darf auf keinen Fall ignoriert werden. Hierzu ist die Vorgangsdauer zu reduzieren. Als Maßnahme kommt nur ein Einsatz zusätzlicher Ressourcen in Betracht.

Eine weitere Darstellung der Ressourcen kann mit der Ansicht **Einsatz Ressource** erfolgen. Sie dient dazu, die täglichen Arbeitsstunden je Ressource darzustellen. Normalerweise werden die Arbeitsstunden pro Tag im Kalender angegeben. Das hätte jedoch zur Folge, daß bei einer einmaligen Änderung der Stundenzahl, beispielsweise durch einen Arzttermin eines Projektmitarbeiters, der Ressourcenkalender geändert werden müßte. In solchen Ausnahmefällen lassen sich die Arbeitsstunden eines bestimmten Tages in der Ansicht **Einsatz Ressource** ändern.

Nr.	Name	Grupp	ax. Einheit	Spitze	5. Juli						12. Juli				
					Mo	Di	Mi	Do	Fr	Sa	So	Mo	Di	Mi	Do
1	Vermessungsamt		1	1											
2	Bau Huber		4	2	17h	17h	17h	17h	12h			17h	9h		
3	Stahlbau AG		5	2	17h	17h	17h	17h	12h			17h	17h	17h	13h
4	Schlosserei GmbH		1	1										0,5h	8,5h
5	Meier		1	1											
6	Projektteam		1	1											
7	Sanitär Müller		3	2											

Abb. 6-13: Darstellung der täglichen Arbeitsstunden einer Ressource

In der Standardform werden die Stundenwerte je Tag im Kalenderteil angegeben. Über den Befehl **Format** lassen sich andere Werte einstellen. Neben unterschiedlichen Zuteilungen kann auch eine tagesaktuelle Kostenübersicht dargestellt werden, wenn in der Liste der Punkt ***Kosten*** ausgewählt wird.

Format Makro Option Fenster ?
- Sortieren...
- Text...
- Gitternetzlinien...
- Zeitskala...
- Seitenwechsel einfügen
- Höchstwerte
- ✓Arbeit
- Kumulierte Arbeit
- Kapazität überschritten
- Prozentuale Ressourcenauslastung
- Verfügbarkeit
- Kosten
- Kumulierte Kosten

Abb. 6-14: Auswahl eines Formats der Ansicht "Einsatz Ressourcen"

Als Beispiel sollen die tagesaktuell anfallenden Kosten für die Ressource ***Stahlbau AG*** dargestellt werden. Zu beachten ist, daß zu große Zahlen als # in den Feldern der Kalendereinstellung angezeigt werden.

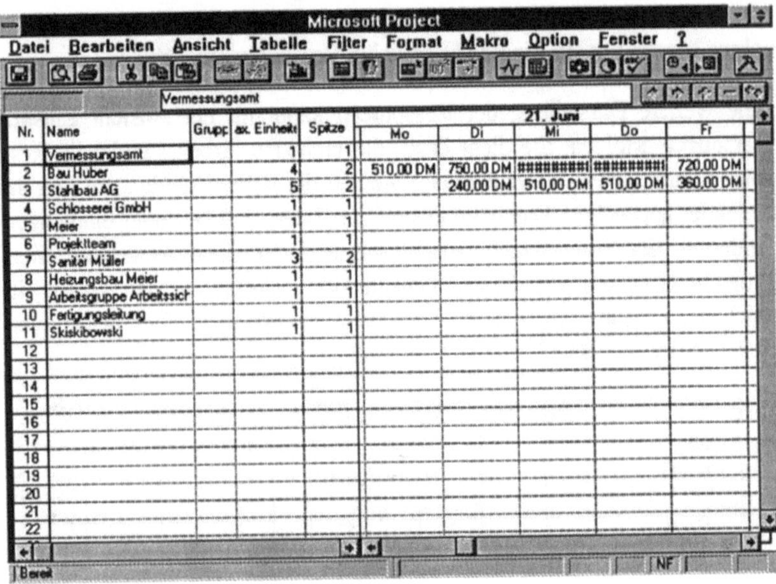

Abb. 6-15: Darstellung der Kosten für die Stahlbau AG

7 Kostenmanagement

Ein wichtiger Gesichtspunkt für den Einsatz einer Projektmanagementsoftware ist die Möglichkeit der Unterstützung der Kostenüberwachung in einem Projekt. Neben der Zuordnung von zeitabhängigen Kosten über die Ressourcen in Form von Normalpreisen, Überstundenpreisen oder Preisen pro Einsatz müssen bestimmten Vorgängen auch die Kosten für verwendete Materialen zugeordnet werden.

Alle Werte und Formatierungen zur Kosteneingabe können als Standardeinstellungen festgelegt werden.

Standardeinstellungen der Kosteneingabe

- ⇨ der Normalpreis für eine mit angegebene Zeiteinheit bei Ressourcen,
- ⇨ der Überstundenpreis,
- ⇨ das Währungssymbol,
- ⇨ die Position des Währungssymbols,
- ⇨ die Anzahl der Nachkommastellen,
- ⇨ das benutzte Tausender-Trennzeichen
- ⇨ und das Dezimalzeichen.

Die Einstellungen werden mit dem Befehl **Option** und **Standardeinstellung** vorgenommen.

Standardeinstellungen

DM

Datumsreihenfolge	Tag/Monat/Jahr
Datumsformat	31.1.92 12:33
Balkentext Datumsformat	31.1
Zeitformat	24 Stunden
Standard Uhrzeit	8:00
Datum-Trennzeichen	.
Zeit-Trennzeichen	:
Bezeichnung: 0:00 bis 11:59	am
Bezeichnung: 12:00 bis 23:59	pm
Währungssymbol	DM
Symbolposition	Nachher
Nachkommastellen	2
Tausender-Trennzeichen	.

OK · Abbrechen · Vorgabe

Abb. 7-1: Die Standardeinstellungen für die Kostendarstellung

Die Anzeige der Kosten für eine Ressource läßt sich unter MS-Project leicht aufrufen. Wurde als Ansicht die **Ressourcenmaske** gewählt, kann über den Menüpunkt **Format** der Inhalt der angezeigten Spalten gewechselt werden. Zu 100% abgewickelte Vorgänge werden in dieser Darstellung mit einem Wert von 0 Kosten dargestellt.

Microsoft Project

Datei Bearbeiten Ansicht Tabelle Filter Format Makro Option Fenster ?

4.800,00 DM

Nr.	Name	Kosten	Geplante Kosten	Abweichung	Aktuelle Kosten	'erbleibende Koste
1	Bauphase	147.600,00 DM	147.600,00 DM	0,00 DM	0,00 DM	147.600,00 DM
2	Vermessen des ne	16.000,00 DM	16.000,00 DM	0,00 DM	0,00 DM	16.000,00 DM
3	Erdaushub	14.400,00 DM	14.400,00 DM	0,00 DM	0,00 DM	14.400,00 DM
4	Bodenplatte beton	4.800,00 DM	4.800,00 DM	0,00 DM	0,00 DM	4.800,00 DM
5	Stahlgerüst für die	6.400,00 DM	6.400,00 DM	0,00 DM	0,00 DM	6.400,00 DM
6	Seitenwände anbri	7.200,00 DM	7.200,00 DM	0,00 DM	0,00 DM	7.200,00 DM
7	Zwischenwände m	7.200,00 DM	7.200,00 DM	0,00 DM	0,00 DM	7.200,00 DM
8	Fenster und Türen	4.800,00 DM	4.800,00 DM	0,00 DM	0,00 DM	4.800,00 DM
9	Straßen und Gleist	7.200,00 DM	7.200,00 DM	0,00 DM	0,00 DM	7.200,00 DM
10	Rohbauabnahme	2.400,00 DM	2.400,00 DM	0,00 DM	0,00 DM	2.400,00 DM
11	Stromanschlüsse k	5.600,00 DM	5.600,00 DM	0,00 DM	0,00 DM	5.600,00 DM
12	Gasanschlüsse leç	2.800,00 DM	2.800,00 DM	0,00 DM	0,00 DM	2.800,00 DM
13	Wasseranschlüsse	2.800,00 DM	2.800,00 DM	0,00 DM	0,00 DM	2.800,00 DM
14	Heizung und Entlü	60.000,00 DM	60.000,00 DM	0,00 DM	0,00 DM	60.000,00 DM
15	Bauabnahme	6.000,00 DM	6.000,00 DM	0,00 DM	0,00 DM	6.000,00 DM
16	Maschineninstallat	0,00 DM	0,00 DM	0,00 DM	0,00 DM	0,00 DM
17	Gießmaschine inst.	0,00 DM	0,00 DM	0,00 DM	0,00 DM	0,00 DM
18	Kunststoffspritzank	0,00 DM	0,00 DM	0,00 DM	0,00 DM	0,00 DM
19	Batteriebefüllung ir	0,00 DM	0,00 DM	0,00 DM	0,00 DM	0,00 DM
20	Test/Abnahme	46.000,00 DM	46.000,00 DM	0,00 DM	0,00 DM	46.000,00 DM
21	Sicherheitsprüfung	6.000,00 DM	6.000,00 DM	0,00 DM	0,00 DM	6.000,00 DM
22	Probelauf/Test N	32.000,00 DM	32.000,00 DM	0,00 DM	0,00 DM	32.000,00 DM
23	Endabnahme	8.000,00 DM	8.000,00 DM	0,00 DM	0,00 DM	8.000,00 DM

Bereit NF

Abb. 7-2: Die Kostendarstellung in der Ressourcenmaske

Auch wenn die Anzeige Spalteninhalte gewechselt wurde, können jederzeit Änderungen in den Zeilen vorgenommen werden.

Einen Überblick über die Gesamtkosten pro Ressource erhält man, wenn als Ansicht das **Ressourcenblatt** gewählt wird. Mit dem Menüpunkt **Tabelle** werden alle darstellbaren Tabellen angezeigt. Wird die Tabelle **Kosten** angeklickt, erscheint die Kostentabelle der Ressourcen. Sollte eine Spalte zu schmal sein, erscheinen Doppelkreuze (#). Die Spalte läßt sich, wie bereits beschrieben, durch ein "Umziehen" der rechten Spaltenbegrenzung mit der Maus verbreitern. Wird eine Ressource in mehreren Projekten benutzt, erfolgt eine Einbeziehung in die Berechnung, wenn diese Projekte geöffnet sind. Auf die Problematik des Ressourcenabgleichs bei mehreren Projekten wird in dem Kapitel Arbeiten mit mehreren Projekten näher eingegangen.

Gesamtkostenüberblick

Projekt-Status für FABRIK.MPP

	Anfang	Ende
Berechnet	6.5.92 8:00	14.12.92 9:00
Geplant	6.5.92 8:00	NV
Aktuell	NV	NV
Abweichung	0w	0w

	Dauer	Arbeit	Kosten
Berechnet	31,6w	1572h	199.760,00 DM
Geplant	0w	0h	0,00 DM
Aktuell	0w	0h	0,00 DM
Verbleibend	31,6w	1572h	199.760,00 DM

% Abgeschlossen
Arbeit 0%
Dauer 0%

OK

Abb. 7-3: Die Kostendarstellung im Statusfenster

Diese in der Version 3.0 neu hinzugekommene Funktion liefert in einem Überblick den aktuellen Projektstatus mit den Kosten, dem Terminrahmen und den Fertigstellungsgrad. Aufgerufen wird er aus dem Menü mit **Option** und **Projekt Status.**

Verwaltung der Materialkosten

Die ausgewählte Zuordnung von Materialkosten erfolgt unter MS-Project über die Ressourcenverwaltung. Dazu können die Materialkosten als eigenständige Ressourcen verwaltet werden, deren Kostenanfall über das Feld ***fällig am*** bestimmt werden kann. Die Kosten für das Material werden als feste Kosten mit dem Eintrag 1 in dem Feld ***Max. Einheit*** und dem Materialpreis in das Feld ***Kosten pro Einheit*** eingetragen. Die Arbeitswerte für die Ressource *Beton* sind damit 0. In unserem Beispiel sind dies die Kosten für den Beton, der von der Firma Rhein Beton zur Erstellung der Bodenplatte benötigt wird. Die Verarbeitung übernimmt dabei die *Firma Bau Huber.*

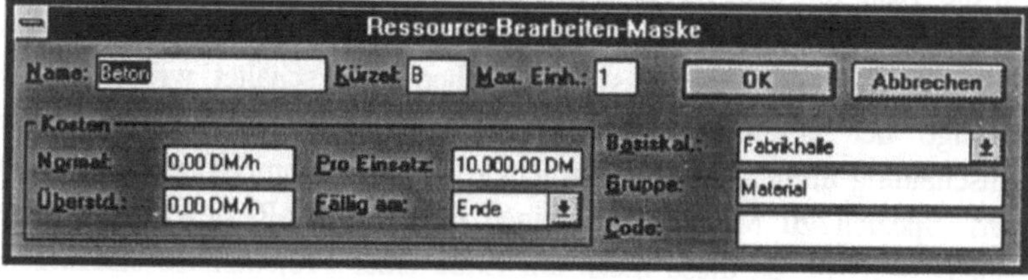

Abb. 7-4: Eingabe von Materialien als Ressourcen

Gesamtkosten eines Vorgangs

Die Darstellung der Gesamtkosten eines Vorgangs kann auf zwei Arten erfolgen. Am einfachsten lassen sich die Kosten anzeigen, indem für die Ansicht **Vorgangsblatt** die Tabelle **Kosten** verwendet wird. Hierzu ist der Menüpunkt **Tabelle** und **Kosten** anzuwählen. Wurden die Vorgänge gegliedert, erscheinen bei den Gliederungspunkten, in dem Beispiel ***Bauphase***, die Gesamtkosten für den Projektabschnitt.

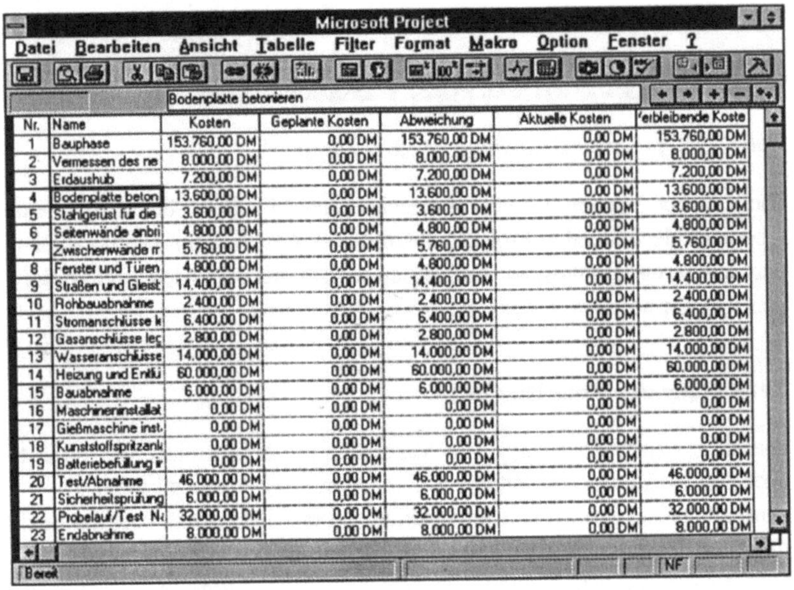

Microsoft Project

Datei Bearbeiten Ansicht Tabelle Filter Format Makro Option Fenster ?

Bodenplatte betonieren

Nr.	Name	Kosten	Geplante Kosten	Abweichung	Aktuelle Kosten	'erbleibende Koste
1	Bauphase	153.760,00 DM	0,00 DM	153.760,00 DM	0,00 DM	153.760,00 DM
2	Vermessen des ne	8.000,00 DM	0,00 DM	8.000,00 DM	0,00 DM	8.000,00 DM
3	Erdaushub	7.200,00 DM	0,00 DM	7.200,00 DM	0,00 DM	7.200,00 DM
4	Bodenplatte beton	13.600,00 DM	0,00 DM	13.600,00 DM	0,00 DM	13.600,00 DM
5	Stahlgerüst für die	3.600,00 DM	0,00 DM	3.600,00 DM	0,00 DM	3.600,00 DM
6	Seitenwände anbri	4.800,00 DM	0,00 DM	4.800,00 DM	0,00 DM	4.800,00 DM
7	Zwischenwände m	5.760,00 DM	0,00 DM	5.760,00 DM	0,00 DM	5.760,00 DM
8	Fenster und Türen	4.800,00 DM	0,00 DM	4.800,00 DM	0,00 DM	4.800,00 DM
9	Straßen und Gleist	14.400,00 DM	0,00 DM	14.400,00 DM	0,00 DM	14.400,00 DM
10	Rohbauabnahme	2.400,00 DM	0,00 DM	2.400,00 DM	0,00 DM	2.400,00 DM
11	Stromanschlüsse k	6.400,00 DM	0,00 DM	6.400,00 DM	0,00 DM	6.400,00 DM
12	Gasanschlüsse leç	2.800,00 DM	0,00 DM	2.800,00 DM	0,00 DM	2.800,00 DM
13	Wasseranschlüsse	14.000,00 DM	0,00 DM	14.000,00 DM	0,00 DM	14.000,00 DM
14	Heizung und Entlü	60.000,00 DM	0,00 DM	60.000,00 DM	0,00 DM	60.000,00 DM
15	Bauabnahme	6.000,00 DM	0,00 DM	6.000,00 DM	0,00 DM	6.000,00 DM
16	Maschineninstallat	0,00 DM	0,00 DM	0,00 DM	0,00 DM	0,00 DM
17	Gießmaschine inst.	0,00 DM	0,00 DM	0,00 DM	0,00 DM	0,00 DM
18	Kunststoffspritzank	0,00 DM	0,00 DM	0,00 DM	0,00 DM	0,00 DM
19	Batteriebefüllung ir	0,00 DM	0,00 DM	0,00 DM	0,00 DM	0,00 DM
20	Test/Abnahme	46.000,00 DM	0,00 DM	46.000,00 DM	0,00 DM	46.000,00 DM
21	Sicherheitsprüfung	6.000,00 DM	0,00 DM	6.000,00 DM	0,00 DM	6.000,00 DM
22	Probelauf/Test Ni	32.000,00 DM	0,00 DM	32.000,00 DM	0,00 DM	32.000,00 DM
23	Endabnahme	8.000,00 DM	0,00 DM	8.000,00 DM	0,00 DM	8.000,00 DM

Bereit NF

Abb. 7-5: Die Ansicht Vorgangsblatt mit der Tabelle Kosten

Zur Schnellübersicht lassen sich, wie bereits bei dem Thema Gliederung erläutert, die untergeordneten Vorgänge ausblenden. Mit einem Mausklick auf die Taste mit dem Minus-Zeichen in der Zeile unter der Menüzeile [-] werden nur noch die Sammelvorgänge mit ihren Kosten am Bildschirm angezeigt. Ein Klick auf das Plus-Zeichen [++] schaltet wieder in die Anzeige der gesamten Vorgänge um. Zu beachten ist, daß diese Umschaltung immer nur auf den gerade aktiven Sammelvorgang bezogen wird. Speziell zu Meilensteinterminen oder Projekt-Reviews sind diese Zahlen wertvoll, da diese meist am Ende einer Projektphase stattfinden. Über einen zusätzlichen Filter lassen sich so auch einzelne Vorgänge oder Vorgangsgruppen darstellen.

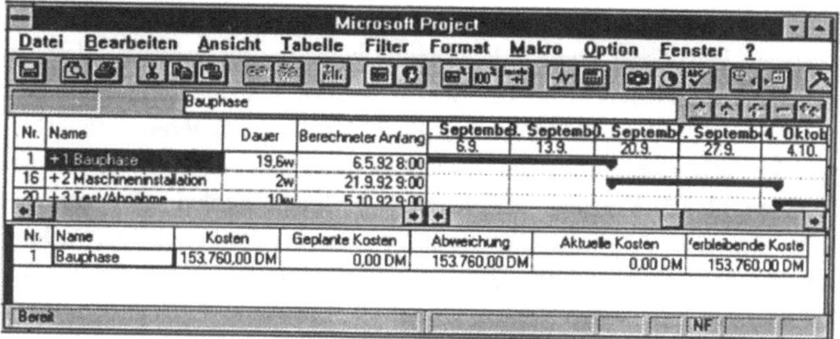

Abb. 7-6: Darstellung der Kosten einzelner Projektphasen

Bei der Verwendung der Netzplanansicht lassen sich die Kosten in einem der vier Statusfelder unter dem Vorgangsnamen anzeigen. Wurde die Netzplanansicht aufgerufen, kann über den Menübefehl **Format** und **Palette** der angezeigte Inhalt eines Netzplanknotens ausgewählt werden. Durch einen Mausklick auf einen der Pfeile nach unten öffnet sich eine Auswahlliste mit den auswählbaren Feldinhalten. Wird aus dieser Liste das Feld Kosten ausgewählt, erscheint im Netzknoten an der entsprechenden Position der Eintrag der Vorgangskosten.

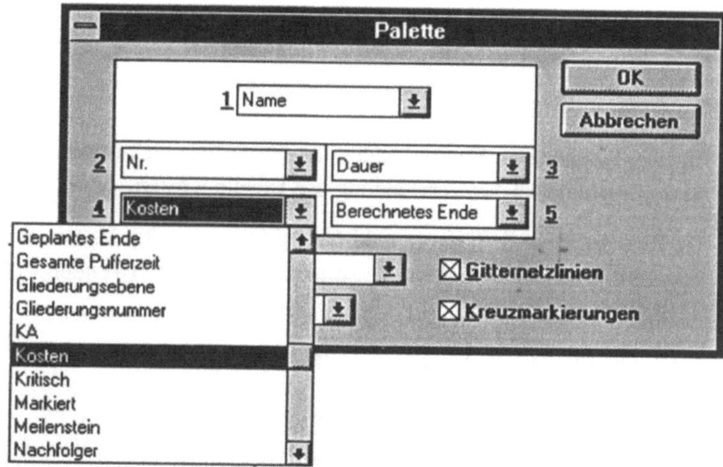

Abb. 7-7: Einbindung der Kosten in die Netzplandarstellung

Kostenschätzungen

Zur Kostenüberwachung können in MS-Project für Vorgänge und Ressourcen Plankosten vorgegeben werden.

Um Richtwerte für die Plankosten zu erhalten, bietet MS-Project die Möglichkeit, kalkulierte Werte als Vorgabe in Felder für geplante Werte zu übernehmen. Hierzu ist bei der aktiven Ansicht **Vorgangseingabe** in dem Menü über die Auswahl **Option** der Punkt **Geplant definieren** anzuklicken. In der sich dann öffnenden Dialogbox kann über Buttons ausgewählt werden, ob alle Vorgänge als Planwerte bestimmt werden sollen oder nur eine bestimmte Auswahl. Diese Werte werden bei der Projektüberwachung als Planbasis herangezogen. Ergeben sich Abweichungen bei den Plankosten zu den kalkulierten Kosten, können die Planwerte durch andere Werte ersetzt werden. Die geänderten Werte sind in diesem Fall neu einzugeben. MS-Projekt erlaubt es, bis zu vier Planungen zu Vergleichszwecken zu speichern.

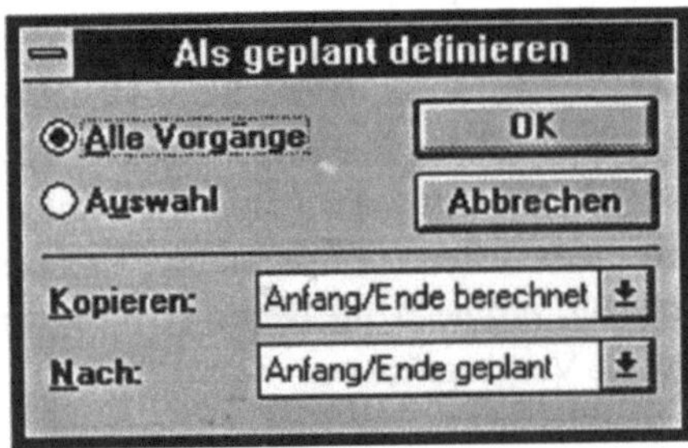

Abb. 7-8: Festlegung der Planwerte

Die Planwerte erscheinen dann

- ⇨ für die Vorgänge im Ressourcenteil der **Vorgangsmaske** und in dem **Vorgangsblatt** bei der Verwendung der Tabelle **Kosten.**
- ⇨ für Ressourcen in dem Kostenfeld ***Geplante Kosten*** der Ansicht **Ressourcenmaske** und in dem **Ressourcenblatt** bei Verwendung der Tabelle **Kosten**.
- ⇨ für das Projekt in der Dialogbox **Projekt Info**.

Aufgrund der Eintragungen in den Feldern für ***geplante*** und ***kalkulierte Kosten***, errechnet MS-Project mögliche Abweichungen. Die in dem Feld ***Kostenabweichung*** errechneten Werte dienen der Analyse und Steuerung während der Planungsphase. Dabei gibt das Feld ***Kostenabweichung*** an, wie die geplanten Kosten von den kalkulierten Kosten abweichen. Die Istkosten werden erst während des Projektverlaufs eingegeben und sind in dieser Berechnung noch nicht berücksichtigt.

Microsoft Project

Datei Bearbeiten Ansicht Tabelle Filter Format Makro Option Fenster ?

Bauphase

Nr.	Name	Kosten	Geplante Kosten
1	+1 Bauphase	153.760,00 DM	153.760,00 DM
2	−1.1 Vermessen c	8.000,00 DM	8.000,00 DM
3	−1.2 Erdaushub	7.200,00 DM	7.200,00 DM
4	−1.3 Bodenplatte	13.600,00 DM	13.600,00 DM
5	−1.4 Stahlgerüst f	3.600,00 DM	3.600,00 DM
6	−1.5 Seitenwände	4.800,00 DM	4.800,00 DM
7	−1.6 Zwischenwä	5.760,00 DM	5.760,00 DM
8	−1.7 Fenster und	4.800,00 DM	4.800,00 DM
9	−1.8 Straßen und	14.400,00 DM	14.400,00 DM
10	−1.9 Rohbauabn	2.400,00 DM	2.400,00 DM
11	−1.10 Stromansch	6.400,00 DM	6.400,00 DM
12	−1.11 Gasanschl	2.800,00 DM	2.800,00 DM
13	−1.12 Wasserans	14.000,00 DM	14.000,00 DM
14	−1.13 Heizung un	60.000,00 DM	60.000,00 DM
15	−1.14 Bauabnahn	6.000,00 DM	6.000,00 DM
16	+2 Maschineninst	0,00 DM	0,00 DM
17	−2.1 Gießmaschir	0,00 DM	0,00 DM
18	−2.2 Kunststoffspı	0,00 DM	0,00 DM
19	−2.3 Batteriebefül	0,00 DM	0,00 DM
20	+3 Test/Abnahme	46.000,00 DM	46.000,00 DM
21	−3.1 Sicherheitspı	6.000,00 DM	6.000,00 DM
22	−3.2 Probelauf/Te	32.000,00 DM	32.000,00 DM

. September 6.9. | 8. Septemb 13.9. | 0. Septemb 20.9. | 7. Septemb 27.9. | 4. Oktobe 4.10.

Bereit NF

Abb. 7-9: Darstellung der übernommenen Planwerte

Zur fortlaufenden Kostenkontrolle sollten die tatsächlichen Kosten in MS-Project erfaßt werden. Hierzu muß über die Menüpunkte **Option** und **Standardwerte** die ***Automatische Ressourcenüberwachung*** mit ***Ja*** aktiviert werden. Um einen Vergleich der Kosten zu ermöglichen, benötigt MS-Project noch einen Prozentwert, der den Fertigstellungsgrad eines Vorgangs angibt. Dieser Prozentsatz wird in das Feld ***%abgeschlossen*** bei Verwendung der Tabelle **Kosten** eingetragen.

Enthält die Tabelle das Feld ***%abgeschlossen*** noch nicht, kann dies über die Schrittfolge **Tabelle** + **Tabelle definieren** + **Bearbeiten** ergänzt werden. Die Vorgehensweise wird in dem Kapitel <u>Tabellen erstellen</u> weiter behandelt. Entsprechend der Fälligkeit werden die Kosten mit in die Berechnung einbezogen. Wenn der Inhalt des Feldes ***Restarbeit*** Null ist und die berechneten Kosten von den tatsächlichen Kosten abweichen, so können diese direkt eingegeben werden. Zu Beginn eines Projektes müssen die Felder ***%abgeschlossen*** und ***Restarbeit*** bei allen Vorgängen auf Null stehen.

Der Projektplan sollte unter allen Umständen <u>mehrfach</u> gesichert werden!

8 Projektüberwachung mit MS-Project

Mit dem Start eines Projekts beginnt auch die Projektüberwachungsphase. Diese Phase gliedert sich üblicherweise in die Abschnitte:

⇨ Überwachung des Projektfortschritts,

⇨ Planänderung,

⇨ Projektplanaktualisierung (Vorgänge und Ressourcen),

⇨ Arbeits- und Kostenüberwachung und

⇨ Planvergleich.

Als Basis für die Projektüberwachung dient der ursprünglich erstellte Projektplan, der die Ausgangsdaten enthält. Mit dem Fortschreiten der Tätigkeiten im Projekt interessiert den Projektleiter zunehmend der Zustand einzelner Vorgänge (begonnen, abgeschlossen usw.) im Zeitablauf, sowie die Nutzung anderer Ressourcen.

Diese Informationen müssen während des Projektablaufs verfolgt werden und zusammen mit anderen Anpassungen, wie beispielsweise überarbeitete Datenschätzwerte, in MS-Project verarbeitet werden. Hierdurch ist immer ein aktueller Planungsstand vorhanden.

8.1 Überwachen des Projektfortschritts

Mit der Übernahme der kalkulierten Kosten und eventuell vorgenommener manueller Änderungen in die Plankosten besteht eine Planbasis, die mit den Daten aus dem fortgeschriebenen Projektplan verglichen werden können.

Die Fortschreibung des Projektplans sollte periodisch durch Eingabe der aktuellen Werte erfolgen. Zum Vergleich der Zeiten werden die angefallenen Anfangs- und Endwerte, sowie der Prozentsatz ***%abgeschlossen*** eingegeben. Angefallene Kosten sind gleichfalls zu erfassen. Dies kann nur manuell vorgenommen werden. Die Eingaben erfolgen mit Hilfe der Ansichten unter Verwendung unterschiedlicher Tabellen, die die Felder ***tatsächlicher Anfang***, ***tatsächliches Ende***, ***tatsächliche Arbeit*** und ***tatsächliche Kosten*** enthalten.

Weitere Aktualisierungen sind die Anpassung der Schätzwerte und der Vorgangsbeziehungen, damit der Projektplan den aktuellen Projektzustand widerspiegelt.

Abgleich zwischen aktuellem und ursprünglichem Plan

Durch einen regelmäßigen Abgleich des aktuellen und des ursprünglichen Projektplans lassen sich Abweichungen feststellen. Hierfür hält MS-Project Ansichten, Tabellen, Filter und Berichte bereit.

Auch die beste Planung kann einem aktuellen Projektablauf nur selten entsprechen, da fast immer Abweichungen bei den Anfängen, Abschlüssen, Kostenschätzungen und Vorgangsbeziehungen vorkommen. Über ein Protokoll lassen sich diese Änderungen im Projektplan dokumentieren.

Rollierend sollten die Zustände der Vorgänge in den Projektplan übernommen werden, indem der jeweilige ***%abgeschlossen***-Wert aktualisiert wird. Hierzu ist eine angepaßte Projektorganisation unbedingt erforderlich.

In unserem Beispiel wurde in die Vorgangsmaske für das Anbringen der Seitenwände ein Fertigstellungsgrad von 70 Prozent ermittelt und dieser Wert in die Vorgangsmaske von MS-Project eingetragen.

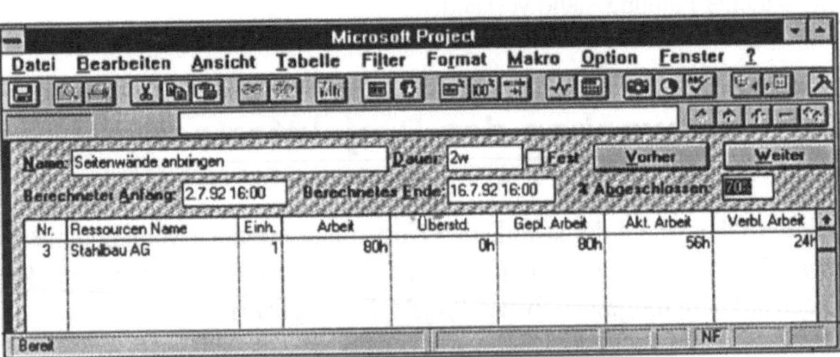

Abb. 8-1: Eingabe des Fertigungsgrads in die Vorgangsmaske

Das Netzplandiagramm kann auch zur Projektfortschrittskontrolle eingesetzt werden. In diesem Fall bietet MS-Project eine leicht verständliche grafische Bildschirmdarstellung. Wird das Netzplandiagramm zur Projektverfolgung eingesetzt, sind die zu 100% abgeschlossenen Vorgänge auf dem Bildschirm durchgekreuzt dargestellt.

%abgeschlossen im Netzplan

Sind die Arbeiten noch nicht zu Ende geführt, jedoch schon begonnen, wird dies auf dem Bildschirm durch einen Querstrich dargestellt. Vorgänge, die noch nicht begonnen wurden, enthalten keinerlei Markierungen.

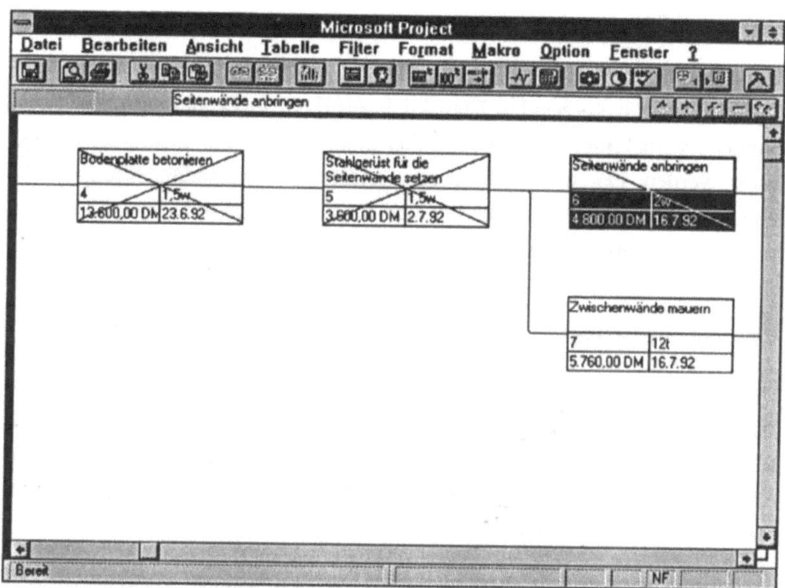

Abb. 8-2: Darstellung des Fertigstellungsgrades im Netzplandiagramm

Schon fertig?

Im Balkendiagramm wird der prozentuale Fertigstellungsgrad (%) durch eine Linie <u>in</u> dem Vorgangsbalken dargestellt. Vorgänge ohne Linie haben einen späteren Anfangstermin. Verzögerte Vorgänge werden am Bildschirm rotfarbig dargestellt.

In dem Fall des Unternehmens Batta Batterie AG wurde mit dem Beginn der Projektarbeiten zum 1.4.1992 begonnen. Durch den Projektfortschritt haben verschiedene Vorgänge unterschiedliche Stadien erreicht. So ist zum Beispiel die Vermessung schon abgeschlossen, während andere Vorgänge, wie Fenster und Türen einbauen, gerade bearbeitet werden.

5	−1.4 Stahlgerüst für die Se	1,5w	23.6.92 13:00
6	−1.5 Seitenwände anbring	2w	2.7.92 16:00
7	−1.6 Zwischenwände mau	12t	30.6.92 15:00
8	−1.7 Fenster und Türen ei	2w	15.7.92 16:30

Abb. 8-3: Darstellung des Fertigstellungsgrades im Balkendiagramm

8.2 Ändern des Plans

Planänderungen sind in der Praxis oftmals erforderlich. Das Programm MS-Project unterstützt die notwendigen Änderungen auf eine sehr sinnvolle und einfache Weise.

Vorgangsänderungen in der Darstellung im Balkendiagramm lassen sich durch einen entsprechenden Mausklick auf das *Maskezeichen* in der Symbolleiste vornehmen. Hierzu muß das linke Icon in der Editierzeile angeklickt werden. Daraufhin erfolgt eine andere Bildschirmdarstellung. In die sich dann öffnende Ansicht lassen sich für den dunkel unterlegten Vorgang im Vorgangsblatt die aktuellen Werte eingeben oder verändern.

Tatsächliche Werte

Vorgänge können unter dem Programm MS-Project noch mit anderen Mitteln überwacht werden. Eine weitere Möglichkeit der Vorgangsüberwachung und -aktualisierung erhält man, wenn die Ansicht **Vorgangsliste** mit der Tabelle **Überwachung** aufgerufen wird. ***Tatsächliche Werte***, die nicht berechnet werden können, sind mit **NV** gekennzeichnet.

Änderungen lassen sich auch in dieser Darstellungsform vornehmen. Der Vorteil dieser Ansicht ist, daß Änderungen leicht durchzuführen sind indem die neuen Werte einfach über die Tastatur eingetragen werden.

In der Ansicht Balkendiagramm lassen sich vielfältige Änderungen direkt in dem Diagramm mit der Maus vornehmen.

So können durch unterschiedliche Funktionen die Vorgangszeiten verändert werden. Grundsätzlich ändert sich dabei die Form des Maus-Cursors, in einem kleinen Fenster erscheinen die aktuellen Vorgangszeiten. Das Verschieben eines Vorgangs erfolgt durch das Anklicken eines Balkens in der Mitte. Der Cursor ändert sich in ein kleines Rechteck mit zwei Pfeilen. Durch Umziehen der Maus kann der Balken nun verschoben werden. Das aktuelle Anfangsdatum wird in einem Fenster angezeigt.

Microsoft Project

Datei Bearbeiten Ansicht Tabelle Filter Format Makro Option Fenster ?

Nr.	Name	Aktueller Anfang	Aktuelles Ende	% Abgeschlossen	Aktuelle Dauer	bleibende Da
1	Bauphase	6.5.92 8:00	NV	34%	6,63w	12,97w
2	Vermessen des neuen Fa	6.5.92 8:00	19.5.92 17:00	100%	2w	0w
3	Erdaushub	20.5.92 8:00	9.6.92 17:00	100%	3w	0w
4	Bodenplatte betonieren	11.6.92 16:00	23.6.92 12:30	100%	1,5w	0w
5	Stahlgerüst für die Seiten	23.6.92 13:00	2.7.92 16:00	100%	1,5w	0w
6	Seitenwände anbringen	2.7.92 16:00	NV	70%	1,4w	0,6w
7	Zwischenwände mauern	NV	NV	0%	0t	12t
8	Fenster und Türen einba	NV	NV	0%	0w	2w
9	Straßen und Gleisbau	NV	NV	0%	0w	3w
10	Rohbauabnahme	NV	NV	0%	0t	2t
11	Stromanschlüsse legen	NV	NV	0%	0t	5t
12	Gasanschlüsse legen	NV	NV	0%	0t	5t
13	Wasseranschlüsse legen	NV	NV	0%	0w	5w
14	Heizung und Entlüftung e	NV	NV	0%	0w	2w
15	Bauabnahme	NV	NV	0%	0t	5t
16	Maschineninstallation	NV	NV	0%	0w	2w
17	Gießmaschine installierer	NV	NV	0%	0w	2w
18	Kunststoffspritzanlage ins	NV	NV	0%	0w	1w
19	Batteriebefüllung installie	NV	NV	0%	0w	1w
20	Test/Abnahme	NV	NV	0%	0w	10w
21	Sicherheitsprüfung	NV	NV	0%	0w	1w
22	Probelauf/Test Nachbe	NV	NV	0%	0w	4w
23	Endabnahme	NV	NV	0%	0t	5t

Bereit NF

Abb. 8-4: Das Vorgangsblatt mit der Tabelle "Überwachung"

Verschieben eines Vorgangs

Die Änderung eines Anfangs- oder Endetermins erfolgt durch einen Mausklick an dem entsprechenden Ende des Balkens. Der Cursor ändert sich in einen Strich mit einem kleinen Pfeil, dessen Ausrichtung dem Vorgangsanfang oder -ende entspricht.

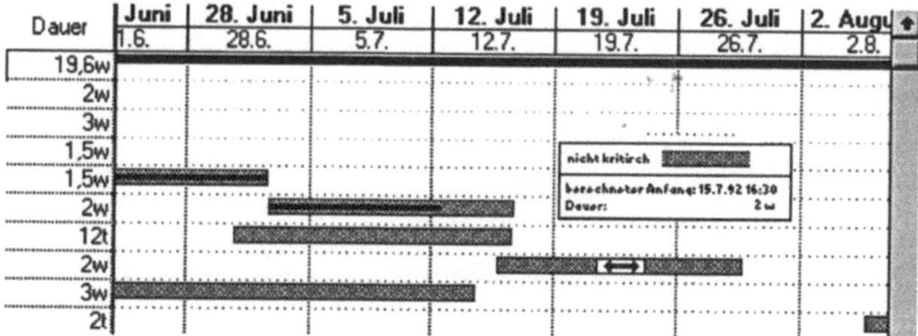

Abb. 8-5: Verschieben eines Vorgangs mit dem Zeitfenster.

Anzeige des veränderten Vorgangs

Durch ein Umziehen wird der Vorgangsbalken in die entsprechende Richtung verlängert. In dem nun zu sehenden Fenster werden die Daten für den Vorgang mit den Veränderungen angezeigt.

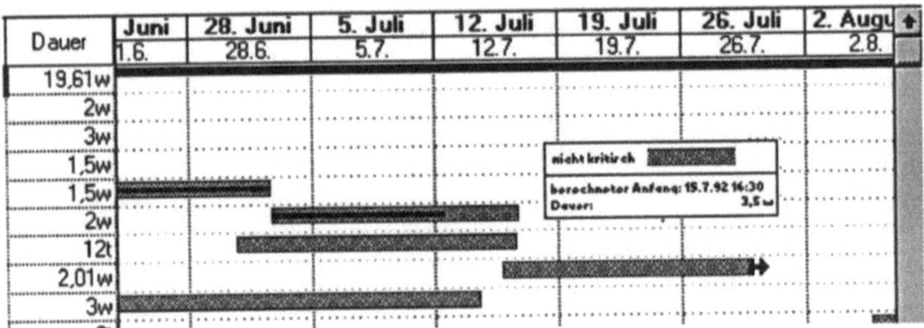

Abb. 8-6: Verlängern oder Verkürzen eines Vorgangs mit dem Zeitfenster

Ändern des Fertigstellungsgrades

Soll der Fertigstellungsgrad eines Vorgangs aktualisiert werden, muß die dünne Linie innerhalb eines Vorgangsbalkens, die das Feld ***%abgeschlossen*** darstellt, angeklickt werden. Der Maus-Cursor verändert sich in diesem Fall in ein Prozentzeichen (%) mit einem kleinen Pfeil nach rechts. In dem zu sehenden Fenster wird zusätzlich der Feldinhalt für das Feld ***%abgeschlossen*** angezeigt. Durch ein Verschieben des Maus-Cursors kann die Linie nun verlängert oder verkürzt werden.

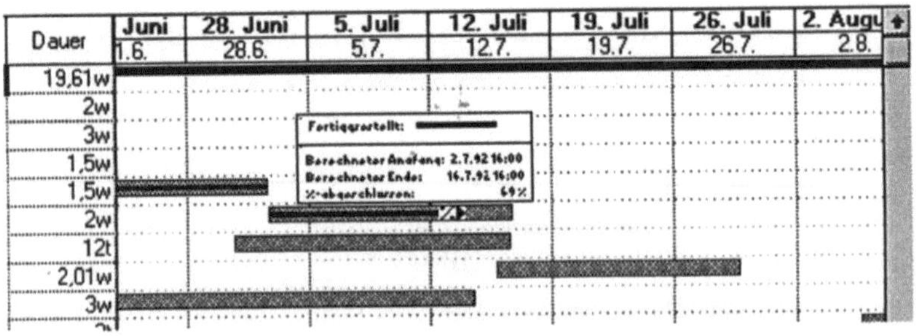

Abb. 8-7: Ändern des Fertigstellungsgrades im Balkendiagramm

Ressourcenveränderung

Die weitere zu verändernde Größe sind die Ressourcen. Diese Änderungen werden meist dann notwendig, wenn Ressourcen überlastet sind. In diesem Fall kann durch eine Erhöhung der Ressourcenkapazität, also beispielsweise durch eine Änderung der möglichen ***Überstunden***, die Anzahl der verfügbaren Zeiteinheiten erhöht werden.

Hierzu sollte das Ressourcenblatt als Ansicht **Vorgangseingabe** aktiviert werden. Im unteren Bildschirmteil wird nach dem **Format**-Befehl **Arbeit Ressourcen** das Feld ***Überstunden*** in dem Ressourcenteil der Vorgangsmaske angezeigt. In diesem Feld kann dann die Anzahl der möglichen Überstunden eingegeben werden.

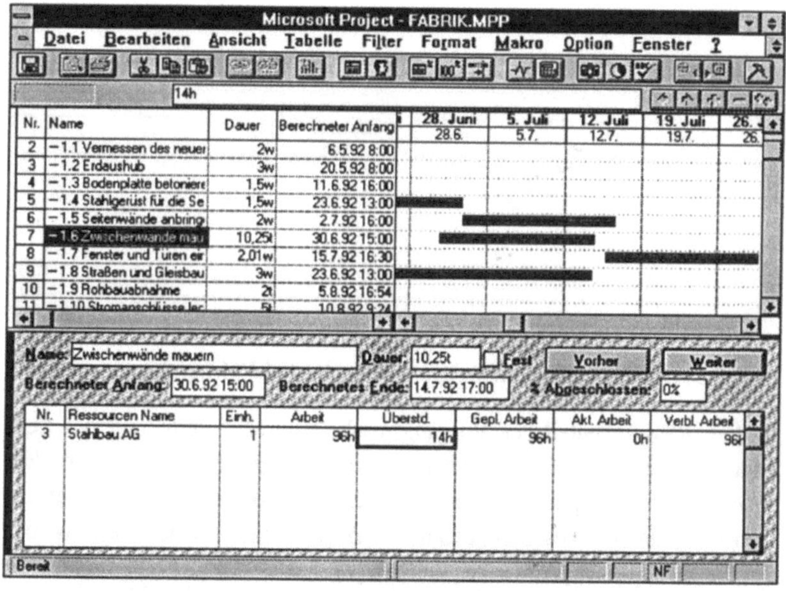

Abb. 8-8: Ändern der Ressourcenkapazitäten

In dem vorherigen Beispiel wurde die gesamte Kapazität einer Ressource zugeordnet. Oftmals arbeiten jedoch mehrere Ressourcen an einem Vorgang mit. Daher muß festgelegt werden, welche Ressource welchen Anteil an den Gesamtarbeiten verrichten soll. Soll eine Ressource nur eine begrenzte Anzahl von Zeiteinheiten für einen Vorgang eingesetzt werden, bestehen zwei Möglichkeiten der Zuordnung.

Die einfachste ist die Reduzierung der Arbeitsstunden in dem Feld ***Arbeit*** der Vorgangsmaske. In diesem Fall teilt MS-Project die Zeit der Ressourcen automatisch so ein, daß alle die gleiche Zeit beansprucht werden. Diese Änderung wurde in dem Beispiel für den Vorgang Stromanschlüsse legen vorgenommen.

Abb. 8-9: Änderung der Zeiteinheiten über das Feld "Arbeit"

In dem Ressourcenteil der Vorgangsmaske kann die Verteilung der Zeiteinheiten auch manuell eingegeben werden. So werden die Werte für *Elektriker Meier* auf *20 Std.* und für *Elektriker Skiskibowski* auf *40 Std.* gesetzt. Dabei ist jedoch zu beachten, daß die benötigte Arbeitszeit abgedeckt wird.

Eine weitere Möglichkeit besteht in der Erhöhung der ***Anzahl*** der Ressourcen, indem beispielsweise ein neuer Mitarbeiter bereitgestellt wird. Änderungen lassen sich entweder in der Ansicht **Ressourcenblatt** oder, wie bei den Vorgängen, durch einen Mausklick auf das Maskesymbol der Symbolzeile und in der dann geöffneten **Ressourcenmaske** vornehmen.

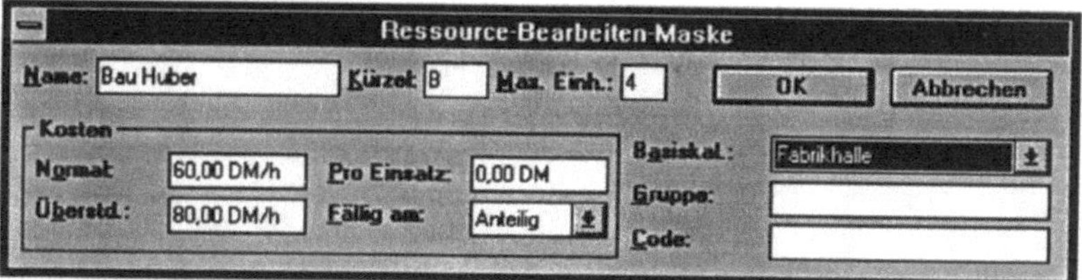

Abb. 8-10: Manuelle Eingabe einer Anzahl von Zeiteinheiten

Bevor die Ressourcenanzahl erhöht wird, sollte zuerst versucht werden die Kapazität zu erhöhen. Je genauer und sorgfältiger ein Projekt geplant wird, desto mehr Ressourcen sollten angelegt werden. Hierdurch ist eine genauere Eingabe der Kosten und der Ressourcenbelastung möglich. Der Aufwand für die Projektüberwachung nimmt jedoch erheblich zu, da die Ist-Werte für jede Ressource erfaßt werden müssen.

Werden Ressourcenkalender verwendet, lassen sich die Kapazitäten durch erweiterte Arbeitszeiten erhöhen. Dabei muß jedoch beachtet werden, daß diese Mehrstunden zum Normalpreis in MS-Project berechnet werden.

8.3 Überwachen der Kosten

Projekte leiden oft darunter, daß sie den vorgegebenen Kostenrahmen überschreiten. Im nachhinein lassen sich die Kostenabweichungen zwar ermitteln, während des Projekts ist eine Kostenkontrolle jedoch schwierig durchzuführen. Dies gilt besonders dann, wenn Vorgangsverzögerungen durch verstärkten Ressourceneinsatz eingeholt werden müssen.

Vorgangsverzögerung

Am besten lassen sich Verzögerungen in der **Ansicht Vorgangsblatt** mit der Tabelle Arbeit erfassen. Hierzu wird in der Spalte **Tatsächliche Arbeit** die bisher verbrauchte Zeit eingetragen. In dem Feld verbleibende Arbeit wird dann die noch zur Verfügung stehende, kalkulierte Zeit angezeigt. Ändert sich die gesamte Vorgangsdauer kann diese Änderung in dem Feld Arbeit eingetragen werden. Die Berechnung der Restarbeitszeit erfolgt mit den neuen Werten in den Feldern:

Arbeit - aktuelle Arbeit = verbleibende Arbeit.

Microsoft Project - FABRIK.MPP

Datei Bearbeiten Ansicht Tabelle Filter Format Makro Option Fenster ?

Stromanschlüsse legen

Nr.	Name	Arbeit	Aktuelle Arbeit	Verbleibende Arbeit	Geplante Arbeit
1	Bauphase	1312h	436h	876h	1332h
2	Vermessen des neuen Fabrikç	80h	80h	0h	80h
3	Erdaushub	120h	120h	0h	120h
4	Bodenplatte betonieren	120h	120h	0h	120h
5	Stahlgerüst für die Seitenwänc	60h	60h	0h	60h
6	Seitenwände anbringen	80h	56h	24h	80h
7	Zwischenwände mauern	96h	0h	96h	96h
8	Fenster und Türen einbauen	80h	0h	80h	80h
9	Straßen und Gleisbau	240h	0h	240h	240h
10	Rohbauabnahme	16h	0h	16h	16h
11	Stromanschlüsse legen	60h	0h	60h	80h
12	Gasanschlüsse legen	40h	0h	40h	40h
13	Wasseranschlüsse legen	200h	0h	200h	200h
14	Heizung und Entlüftung einba	80h	0h	80h	80h
15	Bauabnahme	40h	0h	40h	40h
16	Maschineninstallation	0h	0h	0h	0h
17	Gießmaschine installieren	0h	0h	0h	0h
18	Kunststoffspritzanlage installie	0h	0h	0h	0h
19	Batteriebefüllung installieren	0h	0h	0h	0h
20	Test/Abnahme	240h	0h	240h	240h
21	Sicherheitsprüfung	40h	0h	40h	40h
22	Probelauf/Test Nachbesseru	160h	0h	160h	160h
23	Endabnahme	40h	0h	40h	40h

Bereit NF

Abb. 8-11: Darstellung der Tabelle "Arbeit" in Stunden

MS-Project bietet mit dem Filter **Überziehung Kostenplan** eine Möglichkeit, sich nur die Vorgänge anzeigen zu lassen, bei denen die Kosten höher als die Planbasis sind.

Anzeige von Kostenüberschreitung

Dieser Filter kann in jeder Ansicht verwendet werden, die Objekte in einer Listenform darstellt. Trotzdem sollte für die Kostendarstellung das Vorgangsblatt verwendet werden. Hierzu wird als obere Ansicht das **Vorgangsblatt** mit dem Menübefehl **Ansicht** ausgewählt. Sollte im unteren Bildschirmteil noch eine zweite Ansicht aktiv sein, kann diese mit ⇧+F4 entfernt werden. Zur Anwendung des Filters ist im Menü der Punkt **Filter** und **Überziehung Kostenplan** auszuwählen. Jetzt erscheinen nur noch die Vorgänge auf dem Bildschirm, deren angefallene Kosten unterschiedlich zu den Plankosten sind. Dies gilt auch für Vorgänge, die gerade ausgeführt werden. Bei diesen berechnet MS-Project die Kosten auf den kalkulierten Endtermin hoch. Erscheint bei der Änderung von Vorgangskosten ein Warnfenster, so ist der dort angegebene Vorgang zeitmäßig zu korrigieren.

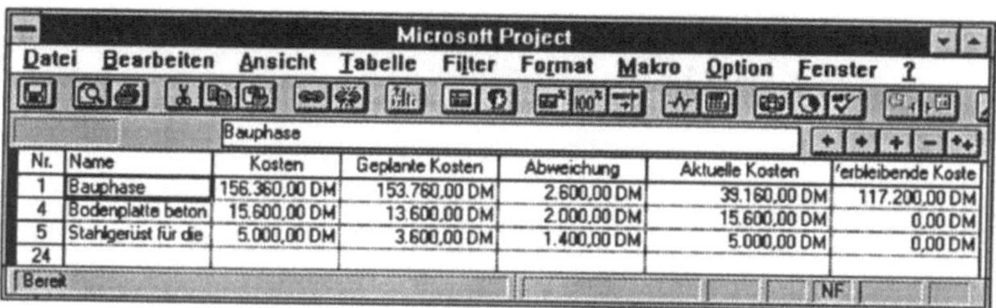

Nr.	Name	Kosten	Geplante Kosten	Abweichung	Aktuelle Kosten	'erbleibende Koste
1	Bauphase	156.360,00 DM	153.760,00 DM	2.600,00 DM	39.160,00 DM	117.200,00 DM
4	Bodenplatte beton	15.600,00 DM	13.600,00 DM	2.000,00 DM	15.600,00 DM	0,00 DM
5	Stahlgerüst für die	5.000,00 DM	3.600,00 DM	1.400,00 DM	5.000,00 DM	0,00 DM
24						

Abb. 8-12: Darstellung der Vorgänge mit Kostenüberziehung

9 Bearbeiten von Tabellen, Filtern, Berichten, Ansichten und Makros

Eine der großen Stärken von MS-Project liegt in der Variabilität, mit der ein Anwender das System an die eigenen Bedürfnisse anpassen kann. MS-Project läßt das Erstellen von Ansichten, Tabellen, Berichten und Filtern sehr individuell zu. Zu beachten ist in diesem Zusammenhang, daß die vorgegebenen, oder besser gesagt, die vordefinierten Ansichten, Tabellen und Filter Vorschläge sind, die jederzeit mit den Änderungsfunktionen verändert werden können. Dadurch stehen diese eventuell nicht mehr zur Verfügung. Mit einem einfachen Trick läßt sich dieses Problem schnell beheben. Man erstellt vor dem erstmaligen Benutzen einfach eine Kopie der mitgelieferten Muster und kann so auf diese immer wieder zurückgreifen.

9.1 Tabellenerstellung und -änderung

Grundsätzlich besteht eine Tabelle, ähnlich wie bei Tabellenkalkulationsprogrammen, aus Zeilen und Spalten. Bei einer Tabellenveränderung werden nur die Spalten, also bei MS-Project die Felder der Tabellenstruktur verändert. Gleichzeitig mit dem Inhalt einer Spalte können die Formatierungen und der Spaltentitel angegeben werden.

Um eine Tabelle zu ändern oder anzulegen, ist in dem Menü der Punkt **Tabelle** auszuwählen. Mit der Auswahl **Tabelle definieren** öffnet sich eine Dialogbox, in der die bisher definierten Tabellen in einem Fenster erscheinen und mehreren Auswahlmöglichkeiten vorhanden sind.

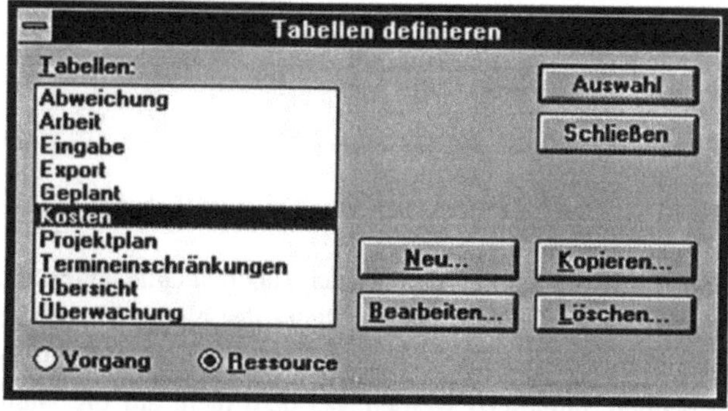

Abb. 9-1: Die Dialogbox zur Tabellenbearbeitung

Tabellen für Ressourcen und Vorgänge

Über die Pushbuttons ***Vorgang*** und ***Ressourcen*** läßt sich festlegen, auf welche Objektart sich die Tabelle beziehen soll. Mit der Maus oder dem Cursor kann in der Tabellenliste eine Tabelle ausgewählt werden.

Durch einen Mausklick auf eine der Tasten oder der Eingabe des unterstrichenen Buchstabens stehen vier Bearbeitungsmöglichkeiten zur Auswahl.

Neu	legt eine neue leere Tabelle an, der danach Spalteninhalte zugeordnet werden können.
Kopieren	erstellt eine Kopie der ausgewählten Tabelle, in der dann die Tabellenstruktur geändert werden kann.
Bearbeiten	erlaubt die Modifizierung der ausgewählten und bereits bestehenden Tabelle.
Löschen	entfernt die ausgewählte Tabelle aus der Liste. Bei den drei ersten Auswahlmöglichkeiten erscheint ein Fenster, in dem die Tabellenstrukturen eingegeben werden können.

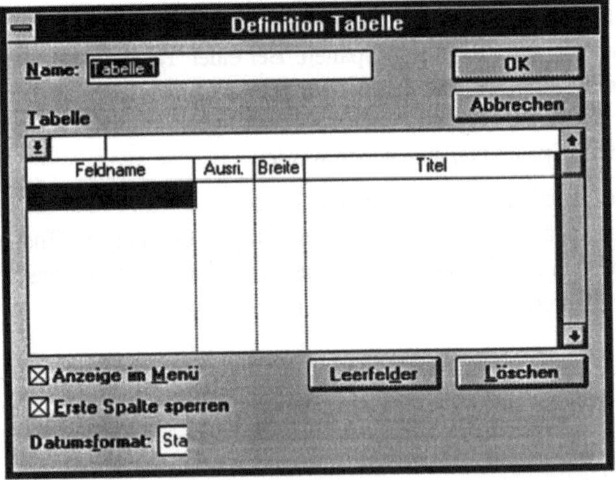

Abb. 9-2: Der Bildschirm zur Eingabe einer Tabelle

In dem Feld ***Name*** der Dialogbox wird der Tabellenname angezeigt. Bei einer neuen Tabelle erscheint an dieser Stelle der Name *Tabelle* mit einer fortlaufenden Zahl. Diese sollte in einen sprechenden, den Tabelleninhalt erklärenden Namen, umgesetzt werden, bei dem nicht auf die Namenskonvention von MS-DOS geachtet werden muß.

Steht der Cursor in dem Feld ***Feldnamen,*** werden die wählbaren Feldnamen aufgeführt, sobald der Pfeil nach unten in dem Listenfenster angeklickt oder die Tasten [Alt]+[↓] gedrückt werden.

Liste der Feldnamen

Liste der Feldnamen

Daraufhin klappt eine Auflistung aller benutzbaren Spalten bzw. Feldnamen auf. Felder mit variablem Inhalt, beispielsweise dem Namen des verantwortlichen Mitarbeiters, dessen Telefonnummer oder andere Angaben, die zugeordnet werden sollen, können in den Feldern ***Text1*** bis ***Text6*** abgelegt werden. Hierzu sind diese in einer Tabelle anzugeben. Zur Übersichtlichkeit sollten diese Felder mit einem erklärenden Titel, zum Beispiel Telefon, versehen werden. Für variable Datumsangaben stehen die Felder ***Anfang1*** bis ***Anfang3*** und ***Ende1*** bis ***Ende3*** zur Verfügung. Nach der Auswahl mit der Maus oder dem Cursor werden die Vorgabedaten des Feldes in die Feldliste übernommen.

Ausrichtung

Als Ausrichtung kann wahlweise *Rechts*, *Links* oder *Zentriert* angegeben werden. Eine Auswahl der Möglichkeiten erhält man, wenn wieder der Pfeil nach unten angeklickt oder [Alt]+[↓] gedrückt wird. Diese Funktion gilt für alle Angaben in der Feldliste bis auf Titel.

Variable Feldeingaben

Eigene Feldnamen lassen sich nicht vergeben. Dafür können Einträge in den Feldern ***Text1*** bis ***Text6*** aus der Vorgangsmaske verwendet werden. Dort kann manuell ein Spaltentitel eingegeben werden. Wird kein Titel angegeben, verwendet MS-Project grundsätzlich automatisch den Feldnamen als Spaltentitel. Änderungen während der Eingabe lassen sich durch Überschreiben vornehmen.

Felder einfügen

Soll ein Feldname in die Feldliste eingefügt werden, wird der Cursor auf den Feldnamen, vor dem das neue Feld stehen soll, gestellt. Mit der Auswahl ***Leerfelder*** fügt MS-Project ein leeres Feld ein. Um ein Feld zu löschen, wird der Cursor auf dieses Feld gestellt und ***Löschen*** angewählt.

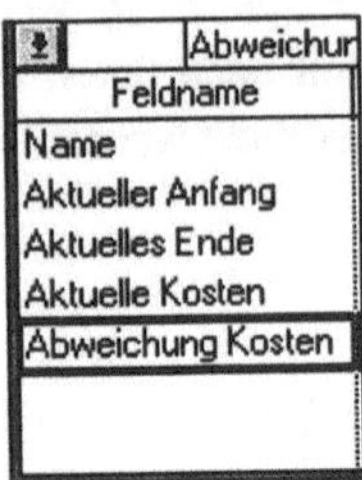

Abb. 9-3: Eingabe von Feldern

Um die neu definierte Tabelle unter dem Menüpunkt **Tabelle** im Hauptmenü mit aufgelistet zu bekommen, muß ***Anzeige im Menü*** angekreuzt werden.

Sperren der ersten Spalte

Wird ***Erste Spalte sperren*** angekreuzt, läßt sich die erste Spalte einer Tabelle nicht ändern. Dies gilt auch für alle kalkulierten Felder! Desweiteren wird diese Spalte bei einem horizontalen Scrollen nicht verschoben. Sie bleibt jederzeit sichtbar am linken Rand der Tabelle stehen.

Datumsformat

Werden in der Tabelle Datumsfelder benutzt, kann die Art der Darstellung bestimmt werden. Hierzu wird in der Dialogbox bei dem Punkt ***Datumsformat***, in der normalerweise *Standardformat* steht, der Pfeil nach unten oder Alt+↓ ausgewählt. In der daraufhin erscheinenden Auswahl kann das gewünschte Datumsformat gewählt werden.

Mehrzeiliges Spaltenformat

mehrzeilige Spalten

Mit einem Eintrag bei dem Punkt ***Zeilenhöhe*** kann die Anzahl der Zeilen für Einträge in einem Textfeld bestimmt werden. Wenn beispielsweise ein Eintrag für eine Spalte zu lang ist, kann die Eingabe einer größeren Zeilenhöhe, d.h. einer mehrzeilige Anzeige erreicht werden. Die Zeilenhöhe bezieht sich auf alle Spalten einer Tabelle.

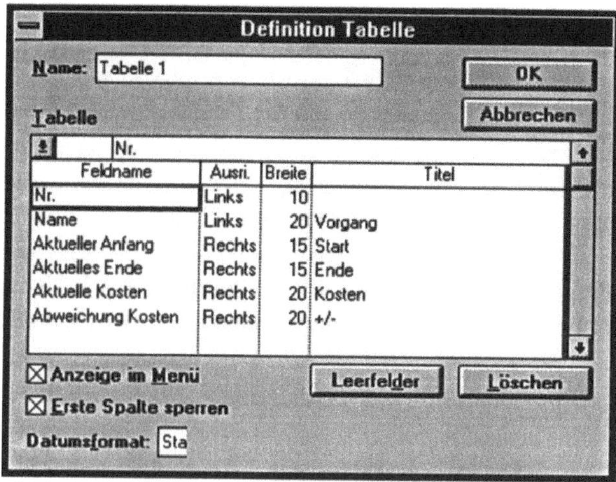

Abb. 9-4: Die neue Tabellendefinition "Tabelle1"

Mit einem Mausklick auf **[OK]** oder durch Drücken von ↵ wird die Bearbeitung einer Tabelle beendet und diese steht danach zur Darstellung von Vorgängen oder Ressourcen zur Verfügung. Die Verwendung der neuen Tabelle führt zu folgendem Ergebnis:

Microsoft Project - FABRIK.MPP

Datei Bearbeiten Ansicht Tabelle Filter Format Makro Option Fenster ?

Nr.	Vorgang	Start	Ende	Kosten	+/-
1	Bauphase	6.5.92 8:00	NV	3.840,00 DM	33.200,00 DM
2	Vermessen des neuen Fa	6.5.92 8:00	19.5.92 17:00	0,00 DM	0,00 DM
3	Erdaushub	20.5.92 8:00	9.6.92 17:00	0,00 DM	0,00 DM
4	Bodenplatte betonieren	11.6.92 16:00	15.6.92 11:00	0,00 DM	0,00 DM
5	Stahlgerüst für die Seiten	15.6.92 11:00	24.6.92 16:00	0,00 DM	0,00 DM
6	Seitenwände anbringen	24.6.92 16:00	8.7.92 16:00	0,00 DM	0,00 DM
7	Zwischenwände mauern	22.6.92 15:00	8.7.92 15:00	0,00 DM	0,00 DM
8	Fenster und Türen einba	7.7.92 16:30	NV	960,00 DM	4.800,00 DM
9	Straßen und Gleisbau	15.6.92 11:00	NV	2.880,00 DM	7.200,00 DM
10	Rohbauabnahme	NV	NV	0,00 DM	2.400,00 DM
11	Stromanschlüsse legen	NV	NV	0,00 DM	800,00 DM
12	Gasanschlüsse legen	NV	NV	0,00 DM	2.800,00 DM
13	Wasseranschlüsse legen	NV	NV	0,00 DM	2.800,00 DM
14	Heizung und Entlüftung e	NV	NV	0,00 DM	6.400,00 DM
15	Bauabnahme	NV	NV	0,00 DM	6.000,00 DM
16	Maschineninstallation	NV	NV	0,00 DM	0,00 DM
17	Gießmaschine installierer	NV	NV	0,00 DM	0,00 DM
18	Kunststoffspritzanlage ins	NV	NV	0,00 DM	0,00 DM
19	Batteriebefüllung installie	NV	NV	0,00 DM	0,00 DM
20	Test/Abnahme	NV	NV	0,00 DM	46.000,00 DM
21	Sicherheitsprüfung	NV	NV	0,00 DM	6.000,00 DM
22	Probelauf/Test Nachbe	NV	NV	0,00 DM	32.000,00 DM
23	Endabnahme	NV	NV	0,00 DM	8.000,00 DM

Bereit NF

Abb. 9-5: Darstellung der neuen Tabelle

Erstellung einer Ressourcentabelle

Ressourcentabellen

Die Definition von Tabellen für Ressourcen erfolgt in gleicher Weise. In diesem Fall ist in dem Dialogfenster mit der Tabellenliste statt ***Vorgänge*** nur ***Ressourcen*** anzuklicken. Danach werden alle Tabellen angezeigt, die die Ressourcen betreffen. Die Bearbeitungsschritte entsprechen denen der Erstellung oder Änderung einer Vorgangstabelle. Werden die möglichen Eingabefelder aufgeblättert, erscheinen in diesem Fall nur die Ressourcenfelder. Bei den Ressourcen ist die Anzahl der frei bestimmbaren Felder auf ***Text1*** und ***Text2*** begrenzt. Variable Datumsanzeigen sind bei Ressourcen nicht zulässig.

9.2 Erstellen eines eigenen Filters

neues von Filtern

Die Übersichtlichkeit leidet bei großen Projekten häufig an der großen Anzahl von Vorgängen und Ressourcen. Um festzustellen ob Planabweichungen aufgetreten sind, ist es nützlich nur die Vorgänge anzuschauen, die zu Verzögerungen, Kostenabweichungen oder Ressourcenüberlastungen geführt haben. Oftmals lassen sich solche Abweichungen jedoch nicht in festen Größen angeben, sondern müssen variabel einsetzbar sein. In vielen Fällen reichen die standardmäßig mitgelieferten Filter von MS-Project aus; besser wäre jedoch die Möglichkeit eigene Filter zu definieren.

Eigene Filter lassen sich ähnlich der Tabellen mit dem Menüpunkt **Filter** und **Filter definieren** erstellen. Wie bei allen bisherigen Definitionen öffnet sich eine Dialogbox mit den Schaltboxen ***Neu, Kopieren, Bearbeiten*** und ***Löschen***.

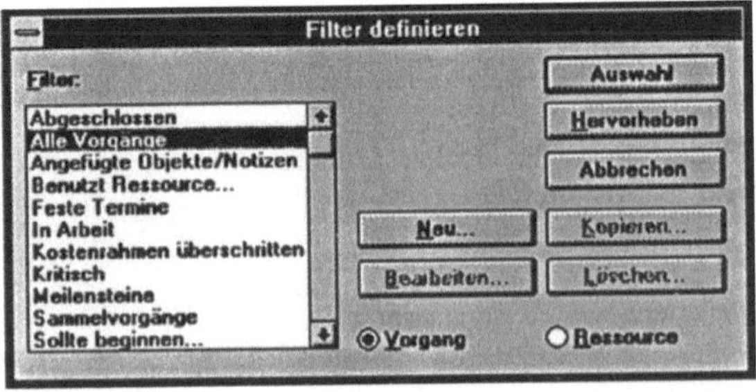

Abb. 9-6: Die Dialogbox nach der Anwahl "Filter definieren"

Der neu anzulegende Filter soll so aufgebaut sein, daß nur noch die Vorgänge angezeigt werden, die in einem bestimmten Zeitraum gestartet werden. Es ließe sich natürlich für jeden Zeitabschnitt ein eigener Filter definieren, in diesem Fall soll jedoch der Start- und Endezeitpunkt angeben werden können. Diese Variabilität erhält man nur durch die Einrichtung eines <u>interaktiven Filters</u>. Bei festen Filtern erfolgen keine Abfragen zur Festlegung eines Filters.

Nach der Anwahl von *Neu* wird die Maske zur Filterdefinition angezeigt.

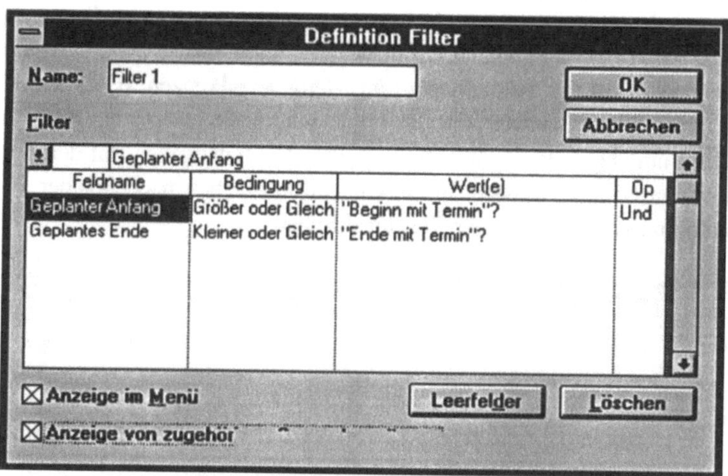

Abb. 9-7: Die Dialogbox zu Bearbeitung von Filtern

Eingabe eigener Filterbedingungen

In das Feld ***Name*** wird der neue Filtername *Zeitabfrage* angegeben. Als nächstes sind die Feldnamen anzugeben, auf die sich der Filter bezieht. Durch einen Klick mit der Maus auf den Pfeil nach unten oder die Taste Alt+↓, läßt sich ein Fenster mit allen erlaubten Feldern ausklappen. In unserem Beispiel soll das Feld ***Geplanter Anfang*** ausgewählt werden.

In dem Feld ***Bedingung*** soll auf gleiche Weise *Größer oder gleich* angewählt werden. Der Vergleichswert soll eine interaktive Eingabe sein. Dazu wird der Abfragetext z.B. *"Beginn mit Termin : "* (in Anführungstriche eingeschlossen) in das Feld ***Wert(e)*** eingetragen.

Zur Kennzeichnung einer variablen Eingabe wird der Eintrag mit einem Fragezeichen [?] abgeschlossen. Damit wäre die Eingabe für den Starttermin abgeschlossen. Die Verbindung zu der zweiten Abfrage des Endtermins erfolgt über das Feld ***Operatoren***. Damit sind die logischen Verknüpfungen zweier Bedingungen gemeint. In unserem Beispielprojekt der Batta Batterien AG wird an dieser Stelle *Und* angewählt, da beide Terminabfragen berücksichtigt werden müssen. Als zweite Bedingung muß noch der Endtermin des Filters festgelegt werden. Hierzu wird in Feldname *Geplantes Ende* und in das Bedingungsfeld *Kleiner gleich* eingetragen. In das Feld ***Wert(e)*** muß wieder eine interaktive Abfrage angegeben werden, in diesem Fall *"Ende mit Termin :"?* . Damit der neue Filter auch in dem Filter-Menü angezeigt wird, ist das Feld ***Anzeige im Menü*** anzukreuzen. [OK] definiert den neuen Filter. Bei dem Start des Filters wird nacheinander der Start- und Endetermin abgefragt. Zu beachten ist, daß die Zeitangaben mit den Stundenwerten erfolgen müssen. In diesem Fall erscheinen nacheinander zwei Dialogboxen die jeweils einen Termin abfragen.

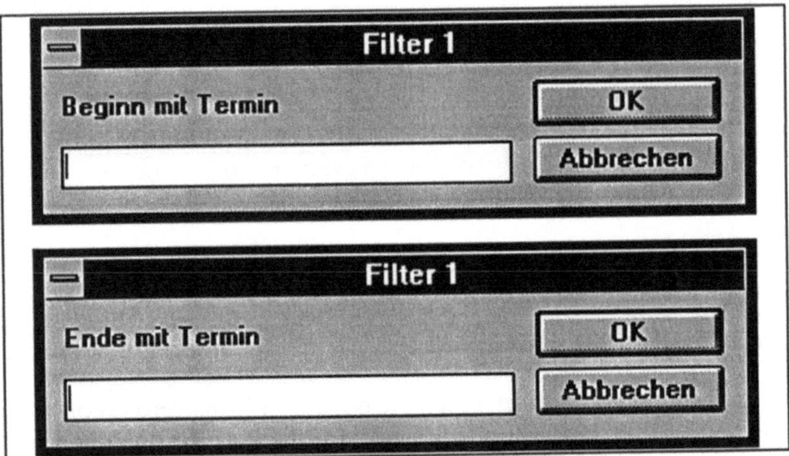

Abb. 9-8: Die erste Abfrage des interaktiven Filters

Sollen beide Abfragen in einer Dialogbox erfolgen, so sind beide Abfragetexte in das Wertefeld einzutragen. Ein Beispiel hierfür zeigt der Filter **Terminbereich** (Abb. 9-9).

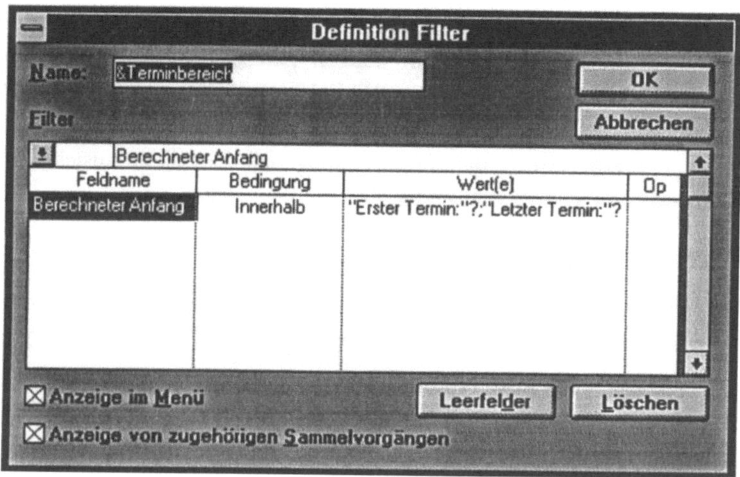

Abb. 9-9: Definition einer Dialogbox mit zwei Abfragen

Bei festen Filtern ohne Dialogabfrage werden die Abfragewerte in das Wertefeld eingetragen. Der Standardfilter **Terminbereich Mai** zeigt die notwendigen Eingaben.

9.3 Erstellen und Bearbeiten von Ansichten

Im Menü **Ansicht** wird festgelegt, wie die Projektinformationen auf dem Bildschirm angezeigt werden. Selbstdefinierte Tabellen und Filter sollen meist in Ansichten Verwendung finden, da damit bestimmt wird, welche Informationen in einer Ansicht erscheinen. Hierzu ist eine Ansicht zu bearbeiten oder ganz neu zu erstellen. In unserem Beispiel soll eine völlig neue Ansicht erstellt werden.

Einzel- und Doppelansicht

Man unterscheidet zwei Typen von Ansichten. Die erste ist eine Einzelansicht. In ihr wird die verwendete Tabelle, die Diagrammart und ein eventuell zu benutzender Filter angegeben. Der zweite Ansichtentyp bestimmt bei Doppelansichten, bei denen die Ansicht aus zwei Einzelansichten besteht, wie zum Beispiel die **Vorgangseingabe**, welche Ansichten kombiniert werden sollen.

In dem jetzigen Beispiel soll die erstellte Tabelle **Projektübersicht** auf den Ansichtentyp **Vorgangsblatt** im unteren Bildschirmbereich angewendet werden. Das Projekt soll im oberen Bildschirmteil durch das **Netzplan-Diagramm** dargestellt werden. In dem Netzplandiagramm sollen nur die Vorgänge angezeigt werden, die *in Bearbeitung* sind. Um diese Ansicht aufzubauen sind drei Schritte notwendig.

Vorgehensweise bei der Erstellung von Ansichten

1. Für den oberen Bildschirmteil muß eine neue **Einzelansicht** ***Netz in*** **Bearbeitung** mit dem **Filter in Bearbeitung** definiert werden.
2. Für den unteren Bildschirmteil wird die **Ansicht Fertig in %** aus der Ansicht **Vorgangsblatt** mit der **Tabelle Projektübersicht** als Einzelansicht erstellt.
3. Die Ansichten ***Netz in Bearbeitung*** und ***Fertig in %*** werden zu einer Mehrfachansicht zusammengeführt.

Über den Menüpunkt **Ansicht** und **Ansicht definieren** erscheint die Dialogbox mit den bekannten Schaltboxen ***Neu***, ***Kopieren***, ***Bearbeiten*** und ***Löschen***. Hinzugekommen sind jetzt jedoch die Felder ***Öffnen*** und ***Speichern***, die am Ende dieses Kapitel näher erläutert werden sollen.

Zuerst müssen die neuen Einzelansichten erstellt werden. Hierzu wird ***Neu*** ausgewählt und in der folgenden kleinen Box ***Einzelansicht*** angewählt.

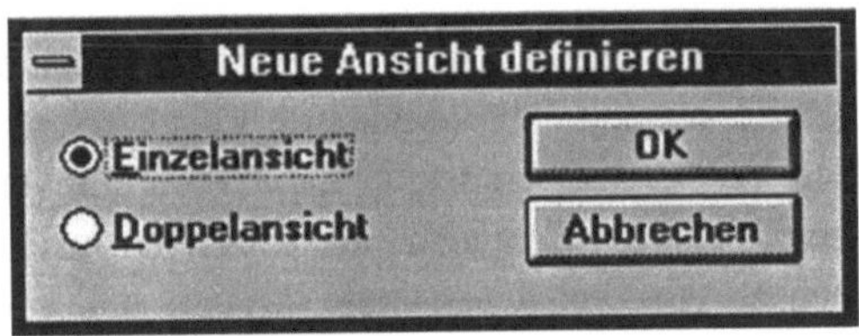

Abb. 9-10: Dialogbox zur Eingabe des Ansichtentyps

In das Feld Name wird für die erste Ansicht *Netz in Bearbeitung* eingegeben. Mit der Angabe in dem Feld ***Bildschirm*** wird die Darstellungsart festgelegt. Durch einen Klick mit der Maus auf den Pfeil nach unten oder [Alt] + [↓] erhält man eine Auswahl der möglichen Diagrammtypen. Für das Beispiel ist das *Netzplan-Diagramm* anzuwählen. Bei dem Feld ***Filter*** wird *In Bearbeitung* ausgewählt, das Feld Tabelle bleibt bei dieser Ansicht leer. Damit die neue Ansicht in dem Ansichten-Menü erscheint wird ***Anzeige im Menü*** angekreuzt. Mit [OK] wird die Eingabe bestätigt.

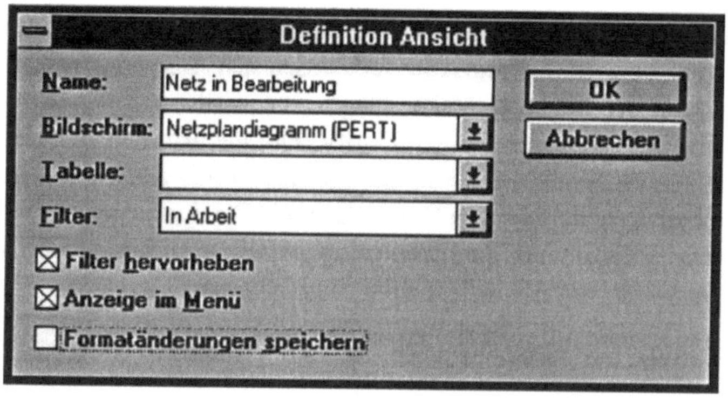

Definition Ansicht

Name: Netz in Bearbeitung | OK
Bildschirm: Netzplandiagramm (PERT) | Abbrechen
Tabelle:
Filter: In Arbeit
☒ Filter hervorheben
☒ Anzeige im Menü
☐ Formatänderungen speichern

Abb. 9-11: Bildschirm zur Festlegung der benutzten Filter und Tabellen

In gleicher Weise wird die Einzelansicht *Fertig in %* erstellt. Der Eintrag unter ***Bildschirm*** ist *Vorgang: Tabelle*, unter ***Tabelle*** *Übersicht*. In das Feld ***Filter*** wird *Alle Vorgänge* übernommen. Mit [OK] wird auch diese Eingabe bestätigt.

Die Liste der Ansichten wurde um die beiden neuen Ansichten *Fertig in %* und *Netz in Bearbeitung* ergänzt.

Als letzter Schritt wird die Doppelansicht aus den beiden neu erstellten Ansichten aufgebaut. Hierzu wird wieder ***Neu*** ausgewählt. In dem kleinen Folgefenster wird ***Doppelansicht*** ausgewählt. Auch dieser neuen Ansicht muß ein Name vergeben werden. In unserem Beispiel ist dies *Fertigstellung*. Als ***obere Grafik*** wird *Netz in Bearbeitung* und als ***untere*** *Fertig in %* ausgewählt. Mit [OK] wird auch diese Eingabe bestätigt.

Definition Ansicht

Name: Fertigstellung | OK
Angezeigte Ansichten | Abbrechen
Oben: Netz in Bearbeitung
Unten: Fertig in %
☒ Anzeige im Menü

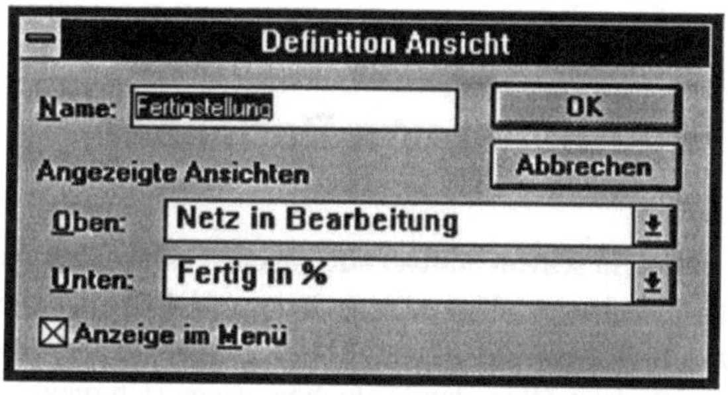

Abb. 9-12: Dialogbox zur Eingabe der verwendeten Ansichten

Tabellen- und Filterdefinitionen werden unter MS-Project in vorgegebenen Dateien gespeichert. Im Gegensatz dazu lassen sich **Ansichten** in speziellen Dateien mit der Kennung **.MPV** ablegen und wieder aufrufen. Standardmäßig ist dies die Datei ANSICHT.MPV. Um die aktuellen Ansichten zu speichern, werden mit der Schaltfläche ***Speichern*** die aktuellen Ansichten gespeichert. In dem folgenden Fenster kann ein Dateiname angegeben werden, dem jedoch immer die Erweiterung **.MPV** angehängt werden sollte. Normalerweise wird ANSICHT.MPV vorgeschlagen.

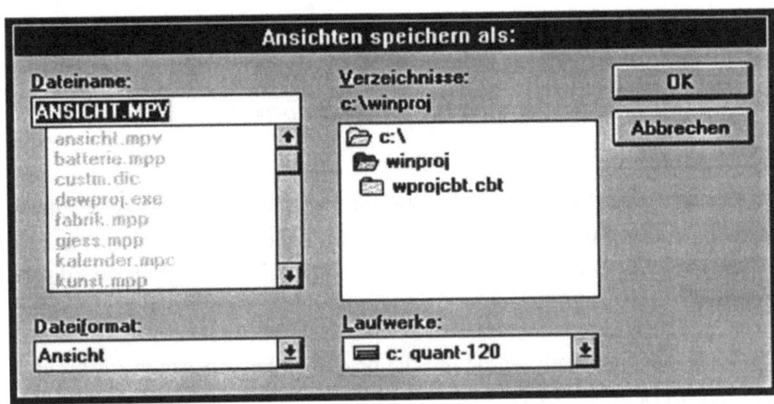

Abb. 9-13: Eingabe des Dateinamens zur Speicherung der Ansichten

Über die Schaltfläche ***Öffnen*** lassen sich gespeicherte Ansichten wieder aufrufen. In diesem Fall werden alle bisher angelegten Ansichten-Dateien mit der Kennung **.MPV** angezeigt. In der Datei BACKUP.MPV sind nochmals alle Standardansichten gespeichert. Diese Datei sollte nicht verändert werden !

9.4 Erstellen und Bearbeiten von Berichten

Ein Bericht basiert in seinem Aufbau auf Tabellen und Filtern. Folglich lassen sich auch Berichte erstellen oder verändern. Hierzu wird, wie bei dem Druck einer Ansicht, der Menüpunkt **Datei** und **Bericht drucken** ausgewählt. In der sich dann öffnenden Dialogbox zeigen sich wieder die Tasten ***Neu***, ***Kopieren***, ***Bearbeiten*** und ***Löschen***. Der Start zum Ausdruck eines Berichts kann mit der Bestätigung von ***Drucken*** veranlaßt werden.

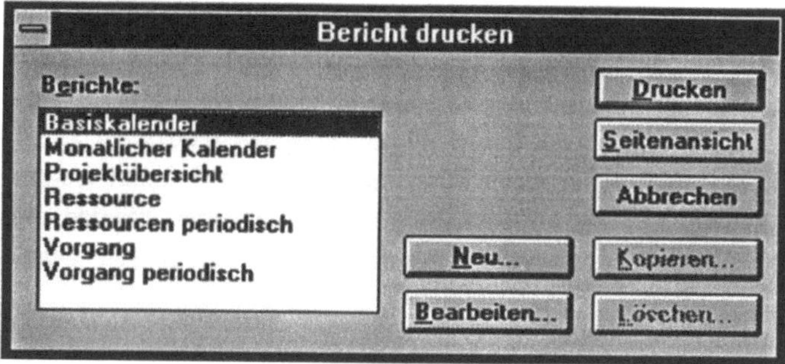

Abb. 9-14: Dialogbox zum Ausdruck von Berichten

Neue Berichte

Mit der Auswahl ***Neu*** können neue Berichte erstellt werden. Nach der Anwahl muß in dem Folgefenster angegeben werden, mit welchen Objekten der Bericht arbeiten soll. Neben *Vorgang* und *Ressourcen* kann *Vorgang periodisch* und *Ressource periodisch* in dem Feld ***Bericht*** angewählt werden. Periodisch bedeutet, daß nur die Objekte berücksichtigt werden, die in einem anzugebenden Zeitraum angesprochen werden. Hierdurch lassen sich große Zeiträume übersichtlicher ausdrucken.

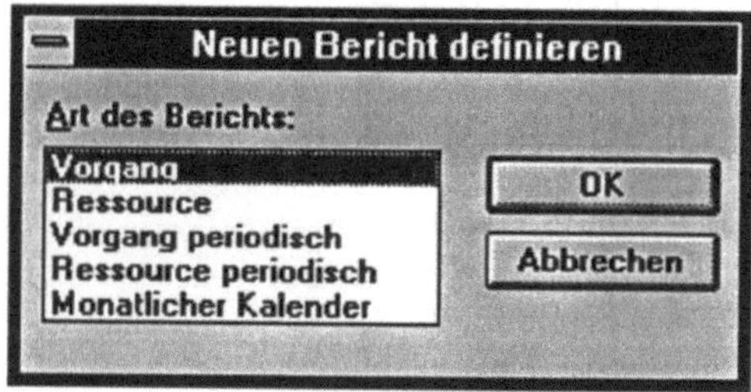

Abb. 9-15: Bildschirm zur Festlegung der benutzten Filter und Tabellen

Die dann abgefragte ***Art des Berichts*** legt fest, welche Projektinformationen ausgegeben werden sollen.

In der nächsten Dialogbox werden alle notwendigen Angaben zu dem Bericht gemacht. In das Feld ***Name*** muß ein eindeutiger, möglichst erklärender Name eingegeben werden. Mit der ***Tabelle*** wählt man die zugrundeliegenden Felder an, die in dem Bericht verwendet werden sollen.

Wurden in einer Tabelle Spalten zu schmal angegeben, so werden diese in einem Bericht, genau wie bei der Darstellung einer Tabelle auf dem Bildschirm, als ## (Doppelkreuze) ausgedruckt. Durch die Angabe eines ***Filters*** läßt sich die Druckausgabe auf bestimmte Vorgänge reduzieren. Die Tabelle und ein eventuell verwendeter Filter müssen vorher definiert worden sein. Bei einem Bericht, der mit periodischen Zeitabschnitten arbeiten soll, muß danach in dem Feld ***Periode*** die Zeiteinheit, also Tag, Monat, Quartal etc. angegeben werden.

Der ***Zählschritt*** bestimmt, in welchem Abstand ein Wert herangezogen werden soll. Als Beispiel soll die Periode Tage und der Zählschritt 3 sein. Dadurch werden jeweils immer drei Tage zusammenhängend gedruckt. Wird ***Zuordnung*** angekreuzt, erscheinen in einem Bericht, der Vorgänge ausdruckt, auch die zugeordneten Ressourcen berücksichtigt. Bei einem Bericht, dessen Grundlage die Ressourcen sind, werden die zugeordneten Vorgänge auch ausgedruckt.

Einzelne Zeitperioden werden durch einen Trennstrich im Bericht getrennt, wenn das Feld ***graue Trennstreifen drucken*** aktiviert ist. Einzelne Druckbereiche lassen sich mit der Auswahl *Text* gestalten. Ausgewählte Felder oder Bereiche, z.B. ***Spaltentitel, Sammelvorgänge*** oder ***kritische Vorgänge*** können besonders formatiert werden. *Text* erlaubt die Formatierung einzelner Textelemente innerhalb des Berichts.

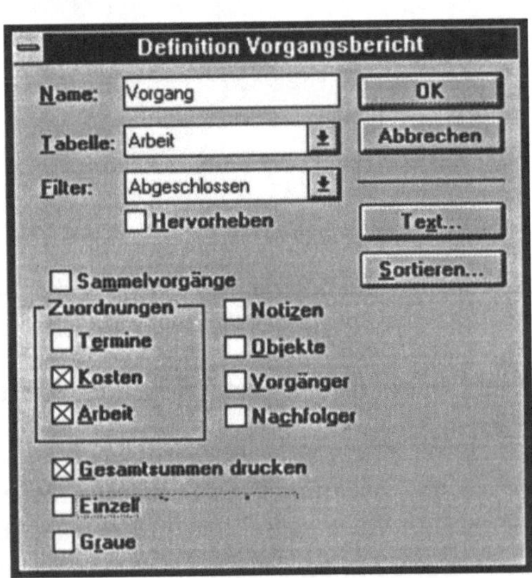

Abb. 9-16: Dialogbox zur Eingabe eines Berichts

Die Ausgaben in Berichten können sortiert werden. In diesem Fall können bis zu drei ***Sortierfolgen*** eingegeben werden. Der Ablauf entspricht dem Sortieren in einer Projektdarstellung.

Mit ***[OK]*** wird die Berichterstellung abgeschlossen. Im Gegensatz zu selbstdefinierten Tabellen werden selbsterstellte Berichte direkt in das Berichtsmenü aufgenommen.

Drucken startet den Ausdruck. Berichte können auf bestimmte Zeiträume begrenzt werden. In der folgenden Zeitabfrage erfolgt die Eingabe hierzu. Standardmäßig ist von MS-Project immer der gesamte Projektzeitraum vorgegeben.

Nachdem die Druckoptionen zur Kopienzahl und Seitenanzahl bestätigt wurden startet der Ausdruck. Einen Ausdruck des Berichts zu dem Beispielprojekt des Unternehmens Batta Batterien AG befindet sich in der Anlage dieses Buches.

9.5 Erstellen und Bearbeiten von Makros

Wie bei Tabellen, Filtern, Ansichten und Berichten können auch Makros selbst definiert werden. Leider verfügt MS-Project nicht über eine Lernfunktion wie sie MS-Word für Windows oder MS-Excel bieten. Bei MS-Project ist hierzu aus dem Menü der Punkt **Makro** und **Makros definieren** aufzurufen. Analog zu den bisherigen Definitionen öffnet sich ein Bearbeitungsfenster.

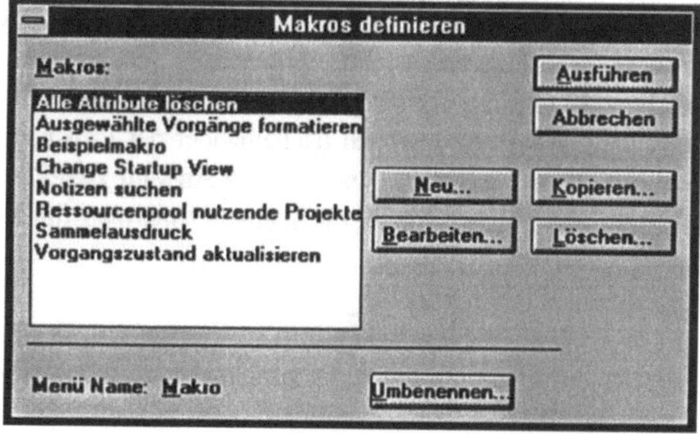

Abb. 9-17 Die Darstellung des Bearbeitungsfensters für Makros

Mit der Auswahl ***Neu*** können neue Makros erstellt werden. Als Beispiel soll ein Makro definiert werden, das nach seinem Aufruf den Projektstatus anzeigt.

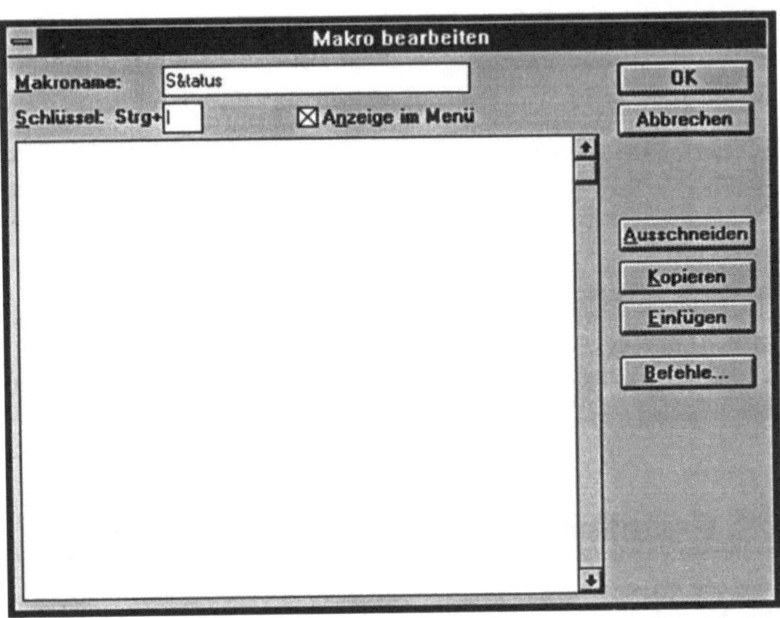

Abb. 9-18: Das Bearbeitungsfenster eines Makros

In das Feld ***Makroname*** wird der Name, in diesem Fall *S&tatus*, eingetragen. Das kaufmännische Und (&) vor dem *t* gibt an, daß das *T* in der Makroliste aktiviert wird. Das Makro soll darüber hinaus über eine Schnelltaste abgerufen werden können. Eine Schnelltaste besteht immer aus der Tastenkombination [Strg]+ gefolgt von einem Buchstaben. In diesem Fall wurde die Kombination [Strg]+[I] gewählt. Die Aktivierung des Feldes ***Anzeige im Menü*** bewirkt, daß das definierte Makro in der Menüauswahl **Makro** mit angezeigt wird. Als Beispiel sollen nacheinander der Projektstatus und die Projektinformationen angezeigt werden. Die Anwahl ***Befehle*** zeigt in einem eigenen Fenster alle Befehle an, die in einem Makro ausführbar sind.

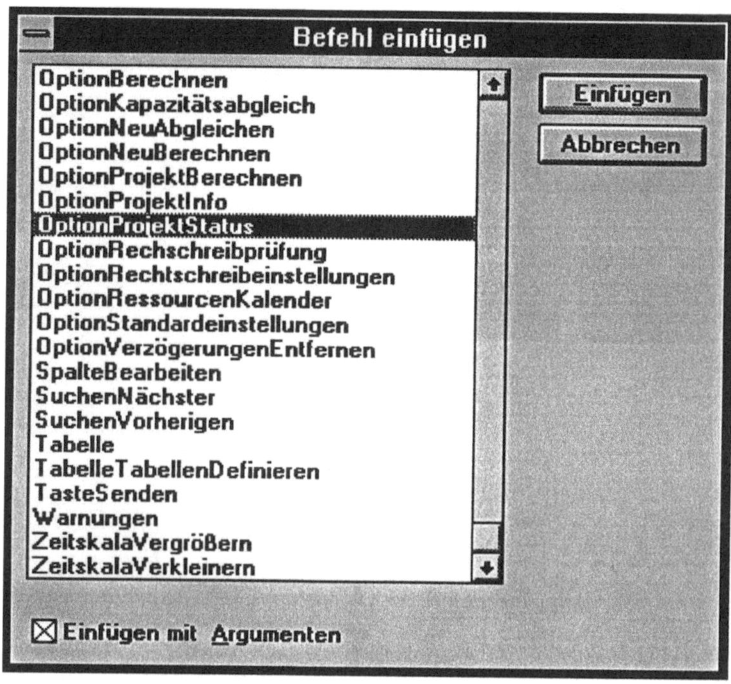

Abb. 9-19: Anzeige der verfügbaren Makrobefehle

Die aufgeführten Befehle entsprechen den einzelnen Menüfunktionen und werden als zusammenhängender Text angegeben. Zum Aufruf der Statusinformation ist dies der Text *OptionProjektStatus.* Zusätzliche Funktionen wie ein Stop für Tastatureingaben oder Warnung stehen ebenfalls zur Verfügung. Mit der Auswahl ***Einfügen*** wird der ausgewählte Befehl in das Bearbeitungsfenster übernommen. In gleicher Weise wird der Befehl *OptionProjektInfo* übernommen. Ist die Option ***Einfügen mit Argumenten*** aktiviert, werden bei Befehlen, die Eingaben benötigen, diese abgefragt. Als Beispiel soll der Befehl *DateiÖffnen* dienen. Auf diese Art können auch mehrere Zeilen eingefügt werden. Befehle können auch von Hand als Befehlsfolge im Bearbeitungsfenster eingetragen werden.

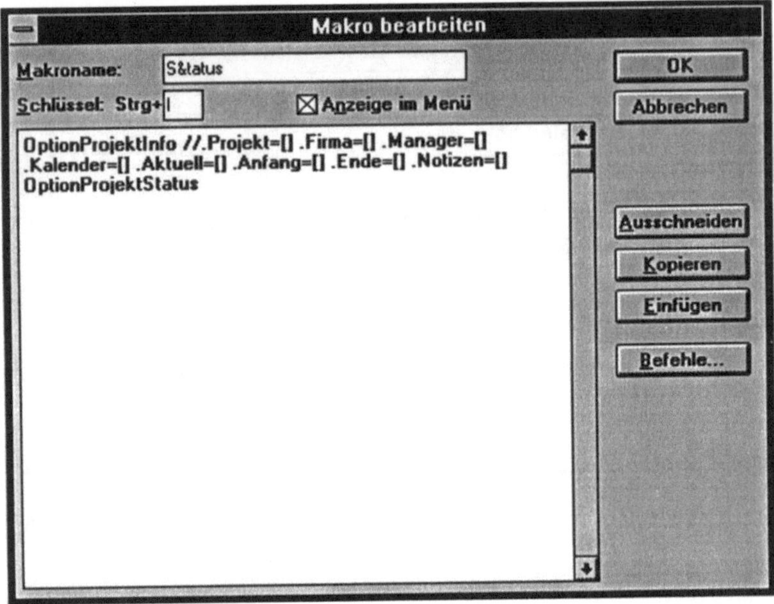

Abb. 9-20: Anzeige der Makrodefinition "Status"

Im Bearbeitungsfenster können Makrozeilen mit den Schaltflächen ***Ausschneiden***, ***Kopieren*** und ***Einfügen*** gelöscht, versetzt oder kopiert werden. ***Umbenennen*** ermöglicht die Namensänderung eines Makros. Ein Klick auf die Schaltfläche ***Abbrechen*** schließt das aktive Fenster ohne Speicherung.

Bei der Ausführung wird zuerst der Statusbildschirm und nach der Bestätigung über das *OK*-Feld die Projektinformation angezeigt.

Für die Erstellung von Makros ist in MS-Project Version 3.0 eine Makrosprache eingebunden. Alle Befehle dieser Makrosprache in diesem Buch zu behandeln, würde den Rahmen sprengen und das Ziel, den Einstieg in MS-Project möglichst einfach und anschaulich darzustellen, verfehlen.

10 Arbeiten mit mehreren Projekten

Unter MS-Project können mehrere Projekte gleichzeitig bearbeitet werden. Dies hat in der täglichen Betriebspraxis sehr viele Vorteile, da es exakt den Notwendigkeiten gerecht wird, Ressourcen über mehrere Projekte zu verwalten.

Vorteile durch Windows und Extended Memory

extended Memory

Die Anzahl der gleichzeitig aktiven Projekte unter MS-Project ist nur durch die Speicherkapazität des Personal Computers unter der Benutzeroberfläche MS-Windows beschränkt. An dieser Stelle macht sich der Einsatz von Windows besonders bemerkbar. Verfügt der Personal Computer über ein sogenanntes Extended Memory als Speicher, der über ein Megabyte hinausgeht, kann dieser unter Windows (ab Version 3.0) voll für eine Windows-Anwendung zu Verfügung gestellt werden.

MS-Project verbindet mehrere Projektdateien miteinander über Verknüpfungen. Diese Verknüpfungen erfolgen über die Ressourcen. Dabei wird zwischen verknüpften Projekten und Teilprojekten unterschieden.

10.1 Öffnen mehrerer Projekte

Aktiviert werden die Projekte, indem jedes einzeln über den Befehl **Datei öffnen** geladen wird. In diesem Fall muß jedoch jedes Projekt einzeln geöffnet werden. Diese Prozedur läßt sich mit einem Befehl vereinfachen. In unserem Beispiel wird dazu zuerst das Projekt *Fabrik* geöffnet. Mit dem Befehl **Datei Verknüpfungen** werden alle Unterprojekte angezeigt.

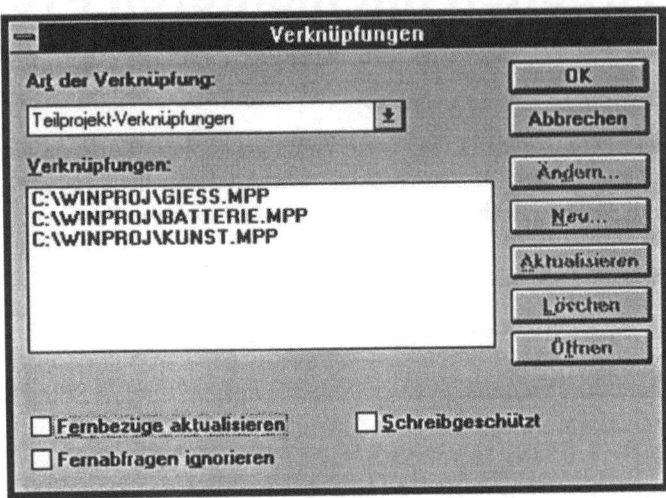

Abb. 10-1: Öffnen verknüpfter Dateien

Mit ⇧ und einem Mausklick auf die einzelnen Projekte können auch mehrere Projekte gleichzeitig ausgewählt werden. Ein Klick auf der Schaltfläche [OK] bestätigt die Auswahl. Dann werden nacheinander die markierten Projekte geöffnet. Das letzte Projekt erscheint auf dem Bildschirm.

Wurden Teilprojekte als Vorgänge definiert, erfolgt bei dem Start des Hauptprojektes automatisch eine Abfrage, ob die Verknüpfungen aktualisiert werden sollen. Eine Bestätigung mit [OK] aktualisiert zwar die Werte in den Projektvorgängen der Teilprojekte, diese werden jedoch nicht geöffnet! Auch in diesem Fall müssen die Unterprojekte mit dem Befehl **Datei Verknüpfte Dateien öffnen** geöffnet werden.

Die Version 3.0 läßt unterschiedliche Verknüpfungsarten zu. Dabei wird unterschieden, ob andere Projektdateien oder Programme aus anderen Windows-Programmen eingebunden werden sollen. Bei *Teilprojekt-Verknüpfungen* werden klassische Teilprojekte, die als einzelne Vorgänge definiert wurden, berücksichtigt. Dieser Fall liegt in unserem Beispiel vor und ist auch die Standardeingabe. *Gemeinsam genutzte Ressourcen-Verknüpfungen* erlauben die Anbindung von anderen Projekten über gemeinsame Ressourcen. Mögliche ander Verbindungen lassen sich mit *Projekt-Verknüpfungen* aktivieren.

DDE (Dynamic Data Exchange), Namen und Objekte dienen zum direkten Datenaustausch mit anderen Windows-Programmen.

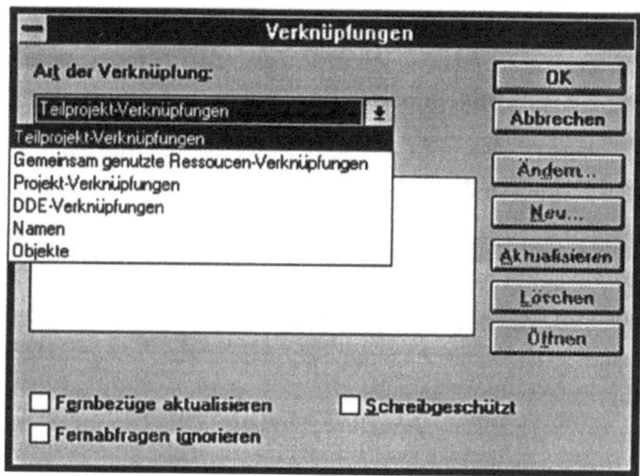

Abb. 10-2: Mögliche Verknüpfungsarten unter MS-Project V.3.0

Sind mehrere Projekte geöffnet worden, kann über den Menübefehl **Fenster** in ein anderes Projekt gewechselt werden.

Anzeigen mehrerer geöffneter Dateien

Microsoft Project - FABRIK.MPP

Datei Bearbeiten Ansicht Tabelle Filter Format Makro Option Fenster ?

Neues Fenster...
Alles anordnen
Ausblenden
1 BATTERIE.MPP
✓2 FABRIK.MPP
3 GIESS.MPP
4 KUNST.MPP

23.7.92 16:30

Nr.	Name	Dauer	Berechneter Anfang	Berechnetes En		
9	Straßen und Gleisbau	1,5w	15.6.92 11:00	24.6.92 16		
10	Rohbauabnahme	2t	22.7.92 8:30	23.7.92 16		
11	Stromanschlüsse legen	5t	23.7.92 16:30	30.7.92 16		
12	Gasanschlüsse legen	5t	23.7.92 16:30	30.7.92 16		
13	Wasseranschlüsse legen	5t	23.7.92 16:30	30.7.92 16		
14	Heizung und Entlüftung einbauen	2w	23.7.92 16:30	6.8.92 16		
15	Bauabnahme	5t	6.8.92 16:30	13.8.92 16:30	11,12,13,14	Projektle
16	Maschineninstallation	15t	13.8.92 16:30	3.9.92 16:30		
17	Gießmaschine installieren	10t	13.8.92 16:30	27.8.92 16:30	15	
18	Kunststoffspritzanlage installieren	15t	13.8.92 16:30	3.9.92 16:30	15	
19	Batteriebefüllung installieren	5t	13.8.92 16:30	20.8.92 16:30	15	
20	Test/Abnahme	30t	3.9.92 16:30	15.10.92 16:30		
21	Sicherheitsprüfung	1w	3.9.92 16:30	10.9.92 16:30	19;18;17	Arbeitsgr
22	Probelauf/Test Nachbesserungen	4w	10.9.92 16:30	8.10.92 16:30	21	Fertigung
23	Endabnahme	5t	8.10.92 16:30	15.10.92 16:30	22	Fertigung
24						
25						
26						
27						
28						
29						
30						
31						

Neues Fenster öffnen NF

Abb. 10-3: Anzeige und Auswahl der geöffneten Dateien

Sollen alle Projekte als einzelne Fenster auf dem Bildschirm erscheinen, kann dies über den Befehl **Fenster** und **alle anordnen** erreicht werden.

MS-Project öffnet beim Start immer automatisch die Projektdatei *Projekt1*. Dabei handelt es sich um ein leeres Projekt, das in der Darstellung aller Projekte mit auf dem Bildschirm erscheint.

Entfernen des Standardprojektes

Entfernt wird ein solches Projekt, indem es mit dem Befehl **Datei schließen** beendet wird. Danach wird das Fenster vom Bildschirm entfernt. Für jedes Fenster gelten die Regeln von MS-Windows zum Vergrößern oder Verbergen. Ein aktiviertes Fenster ist an der geänderten Farbgebung und den Scroll-Balken erkennbar. Doppelansichten werden auch als solche in einem Projektfenster dargestellt. Sind mehrere Projekte aktiv kann über den Menübefehl **Fenster** in ein anderes Projekt gewechselt werden

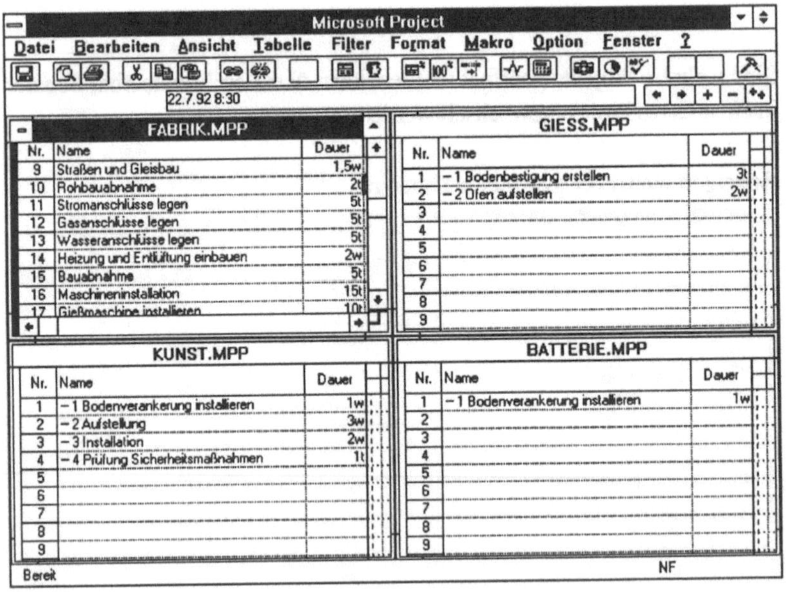

Abb. 10-4: Anzeige mehrerer geöffneter Projekte am Bildschirm

Mit ⇧ und einem Mausklick auf die einzelnen Projekte können diese ausgewählt werden. Ein Klick auf der Schaltfläche [OK] bestätigt die Auswahl. Dann werden nacheinander die markierten Projekte geöffnet. Das letzte Projekt erscheint auf dem Bildschirm.

10.2 Verknüpfen von Dateien

Bei der Verknüpfung von Projekten werden einzelne, eigenständige Projekte verbunden, die jedoch gemeinsame Ressoucen beanspruchen. Hierzu müssen die Projekte geöffnet sein.

Multiprojektmanagement

Multiprojekt-management

Es ist auch möglich Informationen aus einem Projekt in ein anderes zu kopieren. Desweiteren lassen sich alle Aktivitäten der einzelnen Projekte in einem Fenster darstellen.

So organisierte Projekte werden über die Ressourcen miteinander verknüpft. Dies gilt für Unterprojekte zu einem Hauptprojekt ebenso wie für andere eigenständige Projekte. Wichtig ist, daß Projekte die gleichen Ressourcen wie das zu öffnende Projekt benutzen.

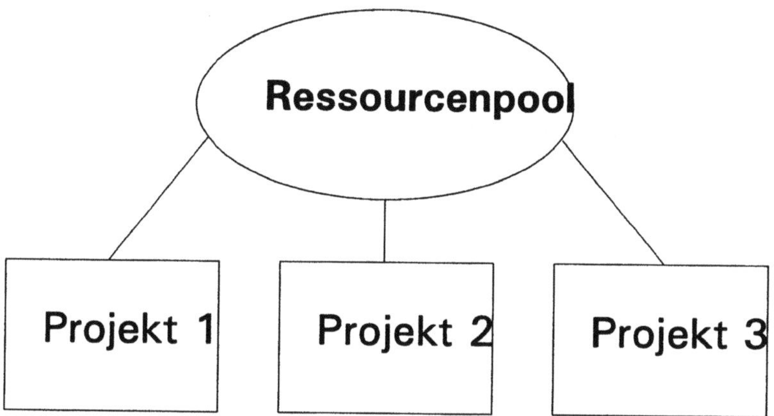

Abb. 10-5: Schematische Darstellung der Projektverknüpfungen

Die gleiche Problematik trifft auch bei Teil- oder Unterprojekten zu. In diesem Fall erfolgen noch weitere Verknüpfungen über die Festlegung eines Vorgangs als Teilprojekt.

Teilprojekte

In unserem Beispiel wurden die drei Unterprojekte *Giess*, *Kunst* und *Batterie* erstellt. In dem Unterprojekt *Giess* wird die Bleigießmaschine für die Batterieplatten aufgebaut. *Kunst* ist das Projekt, das zum Aufbau der Kunststoffspritzmaschine dient, die die Kunststoffkästen für die Batterien erstellt. *Batterie* steht für das Projekt, bei dem die Maschine zur Befüllung der Kunststoffkästen mit den Batterieplatten installiert wird.

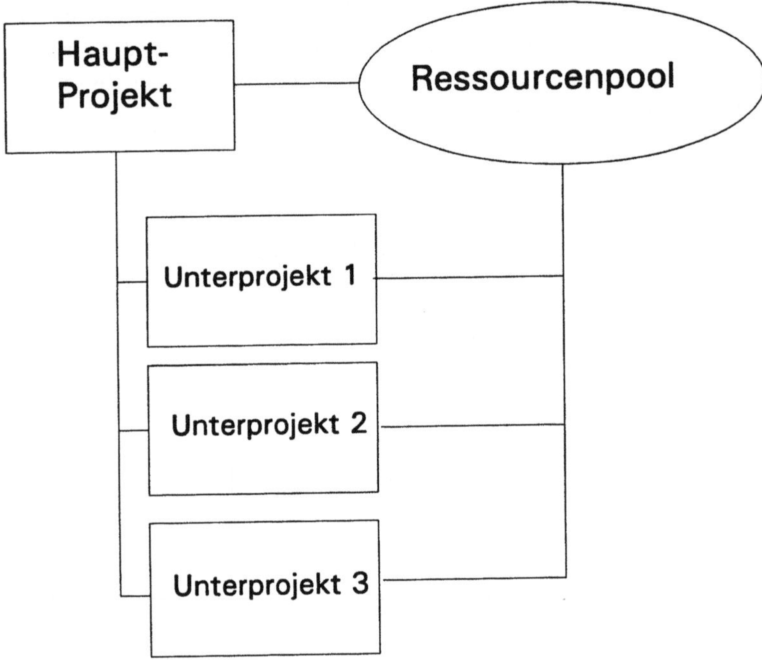

Abb. 10-6: Schematische Darstellung der Teilprojekte aus dem Beispiel

Gemeinsame Ressourcennutzung

In unserem Beispiel sollen dies die Hauselektriker Meier und Skiskibowski sein, die für die Stromanschlüsse in jedem Projekt zuständig sind. Würde jedes Projekt einzeln betrachtet werden, ließen sich Terminüberschneidungen und Ressourcenbelastungen nicht korrekt ermitteln. Die Ressourcen müssen daher allen Projekten zugeordnet werden. Andererseits können Unterprojekte Ressourcen enthalten, die nur in diesem Projekt benötigt werden. Diese lassen sich innerhalb des Projekts definieren. Um einem Ressourcenkonflikt vorzubeugen erscheint es jedoch ratsam alle Ressourcen in dem Hauptprojekt, in diesem Fall also *FABRIK.MPP* zu definieren. Die Unterprojekte sollen alle Ressourcen des Hauptprojektes benutzen.

Als Beispiel soll das Unterprojekt *GIESS.MPP* die Ressourcen von *FABRIK.MPP* mit nutzen. Dazu wird das Fenster von *GIESS* aktiviert. Die Festlegung erfolgt für jedes Projekt einzeln mit dem Befehl **Datei** und **Ressourcen.**

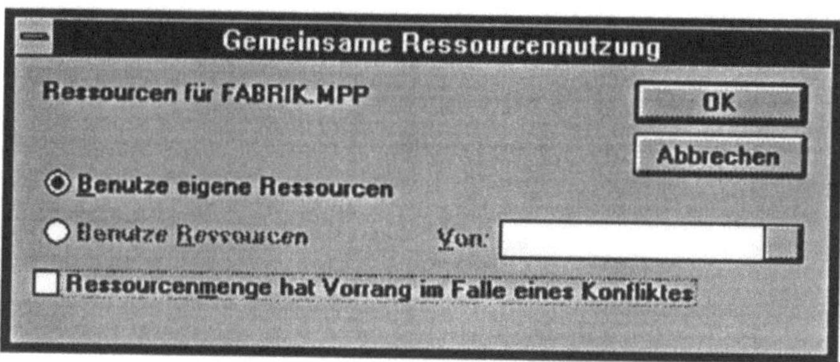

Abb. 10-7: Festlegung der Ressourcennutzung

Über den Knopf ***Nutzung der Ressourcen*** wird das Auswahlfeld aktiviert, in dem wieder über einen Klick auf den [Pfeil nach unten] oder die Tastenkombination [Alt] + [↓] die Auswahl der anwählbaren Projekte angezeigt werden. In unserem Beispiel ist *FABRIK.MPP* anzuwählen. Auf gleiche Weise werden die Unterprojekte *KUNST* und *BATTERIEN* verknüpft.

Von diesem Zeitpunkt an werden alle gemeinsam genutzten Ressourcen abgeglichen. Bei der Eingabe einer Ressource erscheinen in der Ressourcenliste auch die Ressourcen der verknüpften Projekte. In gleicher Form werden auch eigenständige Projekte miteinander verknüpft.

11 Ermitteln des kritischen Pfads

Die Vorgänge, die bei Verzögerungen zu Verspätungen des Projektendtermins führen, werden als "kritisch" bezeichnet. Dagegen haben Vorgänge, die als "nicht kritisch" bezeichnet werden, sogenannte Pufferzeiten, die angeben, um wieviel Zeit sich ein Vorgang verzögern kann, ohne daß eine Zeitverzögerung in dem Projekt auftritt. Wird die Pufferzeit jedoch überschritten, kann auch ein solcher Vorgang kritisch werden.

In den unterschiedlichen Ansichten von MS-Project werden kritische Vorgänge durch veränderte Darstellungsformen gegenüber nicht kritischen Vorgängen angezeigt. Der Zeitraum, um den sich ein Vorgang verzögern kann ohne den Projektendtermin zu gefährden, wird "Gesamtpufferzeit" genannt.

Kritische Vorgänge in verschiedenen Grafiken

Im Balkendiagramm werden kritische Vorgänge rotfarbig dargestellt. Blaufarbige Vorgänge stellen unkritische Vorgänge dar. Farbänderungen lassen sich mit dem Befehl **Format Palette** vornehmen.

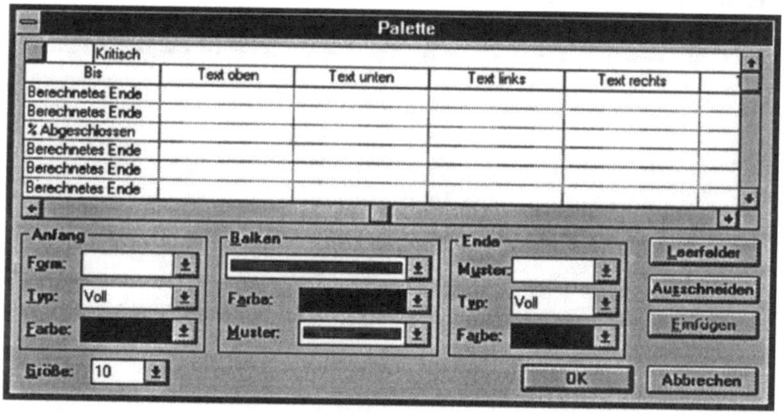

Abb. 11-1: Ändern Darstellungsformen im Balkendiagramm

Im Netzplandiagramm wird ein kritischer Vorgang in einer anderen Farbe und mit einer anderen Umrandung dargestellt. Ein Änderung dieser Darstellungsform ist mit dem Befehl **Format Knotenumrandung** möglich.

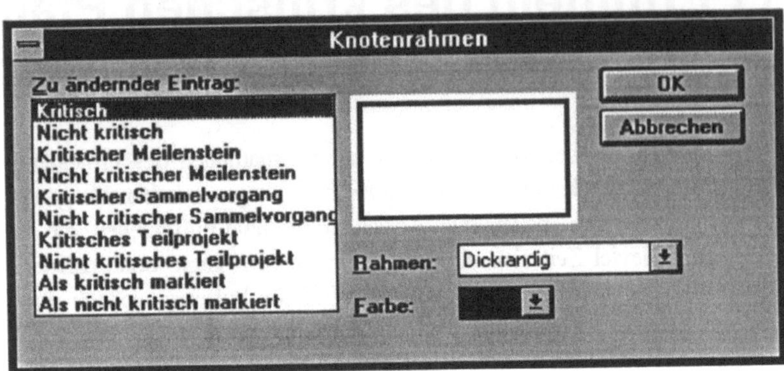

Abb. 11-2: Ändern Darstellungsformen im Netzplandiagramm

Bei einer großen Anzahl von Vorgängen lassen sich die Vorgänge jedoch nur schwer erkennen. Erheblich effizienter ist in diesem Fall der Einsatz des Filters "Kritisch", der dann auch auf das Vorgangsblatt angewendet werden kann. Über den Befehl **Format Text** kann die Textdarstellung einzelner Vorgänge in dem Vorgangsblatt eingestellt werden. So könnten zum Beispiel die kritischen Vorgänge rotfarbig dargestellt werden. Die Darstellung der Pufferzeiten erreicht man durch die Aktivierung der Tabelle **Projektplan.**

Verwendung des Filters

Microsoft Project - FABRIK.MPP

Datei Bearbeiten Ansicht Tabelle Filter Format Makro Option Fenster ?

Nr.	errechneter Anfang	errechnetes Ende	Später Anfang	Spätes Ende	Freie Pufferzeit	Gesamte Pufferzeit
1	6.5.92 8:00	21.9.92 9:00	6.5.92 8:00	28.10.92 16:30	0w	5,6w
2	6.5.92 8:00	19.5.92 17:00	6.5.92 8:00	19.5.92 17:00	0w	0w
3	20.5.92 8:00	9.6.92 17:00	20.5.92 8:00	9.6.92 17:00	0w	0w
4	11.6.92 16:00	23.6.92 12:30	11.6.92 16:00	23.6.92 12:30	0w	0w
5	23.6.92 13:00	2.7.92 16:00	23.6.92 13:00	2.7.92 16:00	0w	0w
6	2.7.92 16:00	16.7.92 16:00	2.7.92 16:00	20.8.92 16:00	0w	5w
7	30.6.92 15:00	16.7.92 14:00	13.10.92 8:30	28.10.92 16:30	0w	14,85w
8	15.7.92 16:30	29.7.92 16:30	19.8.92 16:30	2.9.92 16:30	1w	5w
9	23.6.92 13:00	14.7.92 12:30	12.8.92 16:30	2.9.92 16:30	3,3w	7,3w
10	5.8.92 16:30	10.8.92 9:00	2.9.92 16:30	7.9.92 9:00	0w	4w
11	10.8.92 9:00	17.8.92 9:00	5.10.92 9:00	12.10.92 9:00	4w	8w
12	10.8.92 9:00	17.8.92 9:00	5.10.92 9:00	12.10.92 9:00	4w	8w
13	10.8.92 9:00	14.9.92 9:00	7.9.92 9:00	12.10.92 9:00	0w	4w
14	10.8.92 9:00	24.8.92 9:00	28.9.92 9:00	12.10.92 9:00	3w	7w
15	14.9.92 9:00	21.9.92 9:00	12.10.92 9:00	19.10.92 9:00	0w	4w
16	21.9.92 9:00	5.10.92 9:00	19.10.92 9:00	2.11.92 9:00	0w	4w
17	21.9.92 9:00	5.10.92 9:00	19.10.92 9:00	2.11.92 9:00	0w	4w
18	21.9.92 9:00	28.9.92 9:00	26.10.92 9:00	2.11.92 9:00	0w	5w
19	21.9.92 9:00	28.9.92 9:00	26.10.92 9:00	2.11.92 9:00	0w	5w
20	5.10.92 9:00	14.12.92 9:00	2.11.92 9:00	14.12.92 9:00	0w	0w
21	5.10.92 9:00	12.10.92 9:00	2.11.92 9:00	9.11.92 9:00	0w	4w
22	12.10.92 9:00	9.11.92 9:00	9.11.92 9:00	7.12.92 9:00	4w	4w
23	7.12.92 9:00	14.12.92 9:00	7.12.92 9:00	14.12.92 9:00	0w	0w

Bereit NF

Abb. 11-3: Pufferzeiten im Vorgangsblatt mit Projektplantabelle

Es stellt sich jedoch die Frage, ab wann ein Vorgang als kritisch gilt. Wenn der Puffer bereits den Wert 0 erreicht hat, lassen sich kaum noch Maßnahmen ergreifen um eine Verzögerung zu vermeiden.

Kritischer Zeitraum

Aus diesem Grund muß angegeben werden können, ab welcher Anzahl von Zeiteinheiten ein Vorgang als kritisch gilt. Diese Einstellung kann über den Menüpunkt **Option Standardeinstellungen** vorgenommen werden. Hinter dem Punkt ***Anzeige als kritisch bei Pufferzeit*** <= wird die Zeit eingetragen, ab wann ein Vorgang als kritisch gilt. Liegt zum Beispiel die Pufferzeit eines Vorgangs bei drei Tagen und der Standardwert beträgt fünf Tage, so gilt der Vorgang als kritisch.

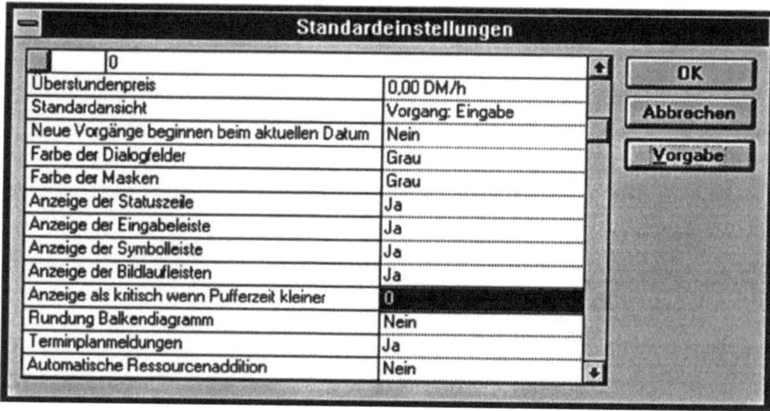

Abb. 11-4: Festlegung der Zeit für kritische Vorgänge

12 Importieren und Exportieren von Daten

MS-Project ist mit einer Vielzahl von Schnittstellen zu anderen PC-Programmen ausgestattet. Dateien können in unterschiedlichen Formaten abgespeichert oder gelesen werden.

Diese Schnittstellen sind nicht nur im PC-Umfeld wichtig. Sie erlauben durch die Verwendung von Industrie-Standards, zum Beispiel dBase oder Lotus 123, Dateien den Austausch mit dem Großrechner. So können die erfaßten Projektdaten direkt in ein Projektabrechnungssystem des Großrechners übernommen werden.

Um eine Datei im- oder exportieren zu können, muß unter MS-Project eine Tabelle erstellt werden, die der Satzstruktur, also der Reihenfolge der eingehenden Datenfelder, ihrer Länge und dem Format entsprechen. Zu beachten ist, daß keine Felder übergeben werden, die von MS-Project berechnet werden.

Folgende Formate können von MS-Project verarbeitet werden:

	Import
XLS	Microsoft Excel
DBF	dBase II + III
WKS	und WK1 Lotus 123 Version 1A, 2 oder später
TXT	ASCII durch einen Tabulator getrennt
MPX	für konvertierte Dateien aus MS-Project für DOS
CSV	Format durch das Auflistungskennzeichen getrennt.

	Export
	MS-Project-Format normal
MPX	zur Übergabe an MS-Project für DOS
CSV	als ASCII-Datei mit Trennkennzeichen
DBF	dBase II + III
TXT	Text als reine ASCII-Datei
WKS	und WK1 für Lotus 123-Dateien
XLS	für Excel-Dateien

12.1 Importieren von Daten

Importierte Daten werden in der Reihenfolge, wie sie eingelesen werden, in ein Projekt eingefügt. Die Übernahme erfolgt genau so, als würden die Daten an dem Bildschirm eingegeben. Leere Felder werden, falls ein Standardwert vorliegt, mit diesem gefüllt. Ungültige Eingaben werden ignoriert. Aufgrund der Informationen in der MS-Project-Tabelle werden die Felder konvertiert. Folgende Schritte sind zum Importieren der Daten notwendig:

Arbeitsschritte zum Importieren

1. Festlegen der Satzstruktur bzw. des Tabellenformats
2. Erstellen der MS-Project-Tabelle. Dabei ist darauf zu achten, daß die Feldinhalte für Ressourcen oder Vorgänge getrennt angelegt werden.
3. Erstellen der Übergabedatei in dem Importformat.

Die Übernahme der Daten in MS-Project gestaltet sich dann recht einfach. Mit dem Befehl **Datei öffnen** wird die Dialogbox zum Öffnen einer Datei angezeigt. In dem Feld ***Dateiname*** wird die zu importierende Datei, in dem Beispiel FABRIK.DBF, als dBase-Datei angegeben.

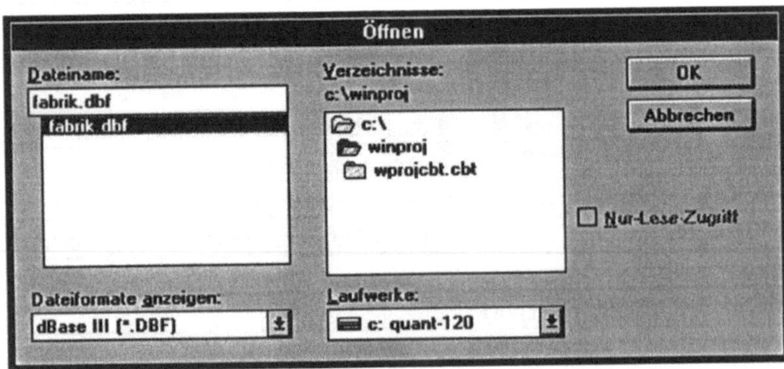

Abb. 12-1:Auswahl der zu importierenden DBF-Datei

An der Erweiterung des Dateinamens erkennt MS-Project automatisch um welches Datenformat es sich handelt.

In dem nächsten Bildschirm ist anzugeben, welches Objekt importiert werden soll. Aufgrund dieser Auswahl erfolgt die Anzeige der möglichen Tabellen für Ressourcen oder Vorgänge.

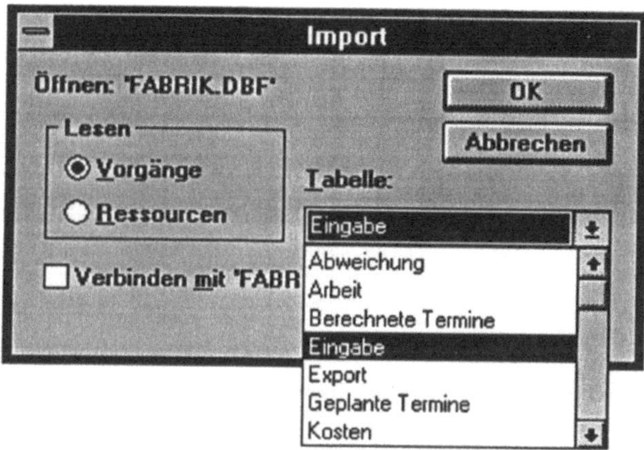

Abb. 12-2: Festlegung der Tabelle, in die die Daten übernommen werden

Als Besonderheit ist noch zu beachten, daß durch die Anwahl ***Verbinden mit*** Daten in dem Projekt ersetzt werden können. Mit der Bestätigung über das [OK] startet der Import Vorgang.

12.2 Exportieren von Daten

Ein Exportieren von Daten in ein anderes Datenformat gestaltet sich genauso einfach wie das Importieren. Basis ist wieder eine Tabelle in MS-Project, die die Ausgabestruktur der Exportdatei wiedergibt. Im Lieferumfang von MS-Project ist bereits eine Tabelle **Export** für die Übergabe von Vorgangsdaten enthalten.

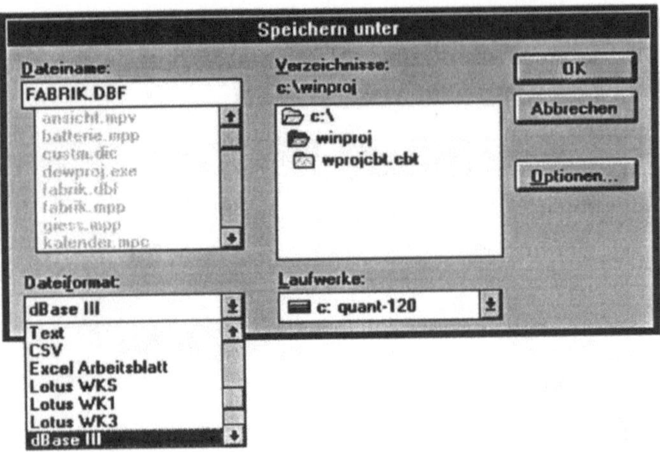

Abb. 12-3: Liste der Exportformate

Über den Befehl **Datei speichern unter** wird das Feld ***Dateiformat*** ausgewählt, danach erweitert sich die Dialogbox ***Projekt speichern*** um ein Feld, in dem das Dateiformat angegeben werden kann. Mit Alt + ↓ oder einem Mausklick auf den Pfeil nach unten wird eine Liste der möglichen Dateiformate angezeigt.

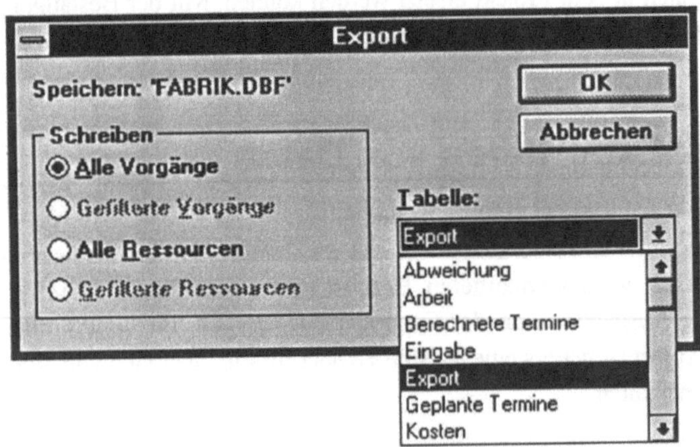

Abb. 12-4: Festlegung der Export-Tabelle

Jetzt benötigt MS-Project noch die Informationen, welche Objekte übergeben werden sollen und ob ein Filter benutzt werden soll. In unserem Beispiel werden alle Vorgangsdaten aus dem Projekt *Fabrik* über die Tabelle **Export** in eine dBase-III-Datei mit dem Namen FABRIK.DBF gespeichert.

13 Das Hilfesystem von MS-Project

MS-Project verfügt über ein sehr gutes Hilfesystem. Mit der F1-Taste oder einem Mausklick auf dem Fragezeichen auf der rechten Seite der Editierzeile wird das Hilfesystem aufgerufen. Das Hilfesystem ist so selbsterklärend aufgebaut, daß es eigentlich keiner weiteren Erläuterungen bedarf.

13.1 Der Hilfe-Index

Über einen Index können alle Informationen zu bestimmten Kapiteln am Bildschirm aufgerufen werden.

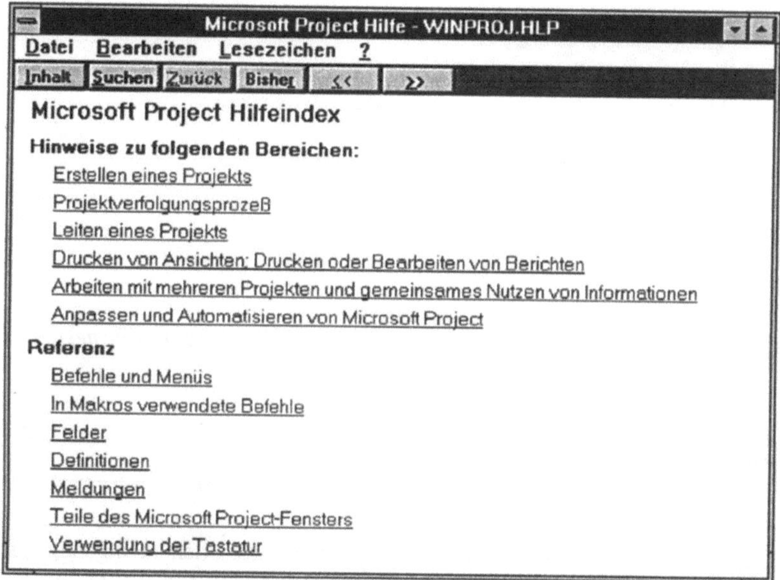

Abb. 13-1: Startbildschirm der Hilfe

Im ***Index*** werden grundlegende Begriffe aus MS-Project aufgeführt. Durch einen Mausklick auf den Begriff wird die nächste Hilfestufe aufgerufen. Die "***Fußstapfen***" weisen das Hilfesystem an, eine Hilfestufe zurück zu gehen.

Suchen fragt einen Begriff ab und durchsucht die Hilfedaten nach diesem Begriff. Mit einem Klick auf einen der ***Durchsuchen***-Symbole wird die zuvor gestartet Suche vorwärts oder rückwärts wiederholt.

Wird gerade ein Menüpunkt bearbeitet, so werden nach dem Aufruf der Hilfe alle Informationen zu dem gerade in Arbeit befindlichen Verarbeitungsschritte angezeigt (kontextbezogene Hilfe).

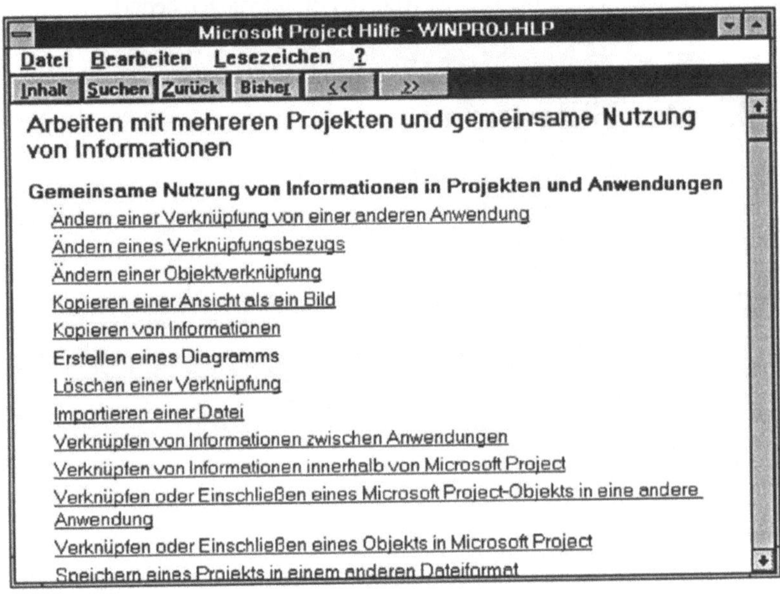

Abb. 13-2: Hilfebildschirm zum Thema "Arbeiten mit mehreren Projekten"

13.2 Lernprogramm

Das mitgelieferte Lernprogramm ermöglicht es, den Umgang mit MS-Project im Selbststudium zu erlernen. Es ist in 17 einzelne Abschnitte eingeteilt, die auf einander aufbauend in die Arbeit mit MS-Project einführen. Die Eingaben können entweder mit der Maus oder über die Tastatur erfolgen. Zu jedem Abschnitt wird eine geschätzte Bearbeitungsdauer angegeben. Gegenüber MS-Project 1.0 wurden die grafischen Darstellungen erheblich verbessert.

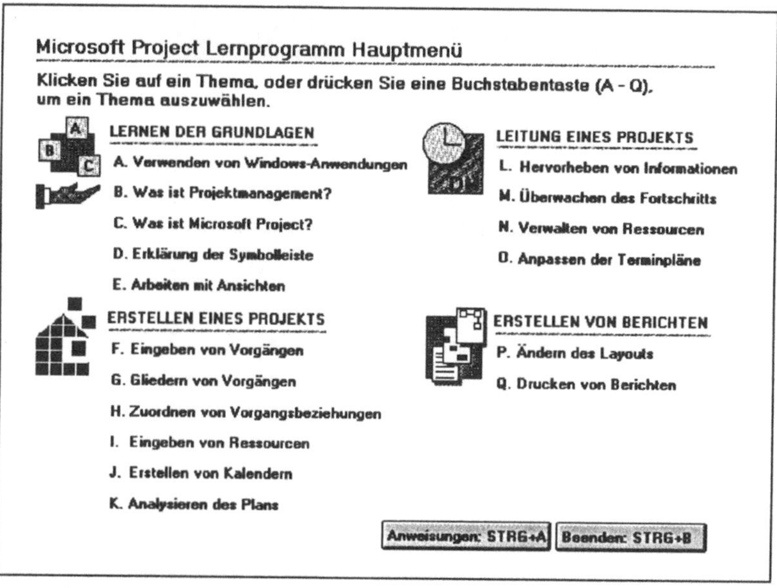

Abb. 13-3 Lektionen des Ms-Project Lernprogramms

13.3 Assistent

Ab Version 3.0 stehen dem Anwender als weitere Hilfe vier Assistenten zur Verfügung, mit dem vorgegebene Aktivitäten von MS-Project gesteuert abgearbeitet werden können. Im englischen werden diese Hilfefunktionen als Planning-Wizards, auf deutsch Planungszauberer, bezeichnet. Die Funktion wird über das Hilfefenster aufgerufen. Jeder dieser "Zauberer" hilft bei einem Schritt der Bearbeitung eines Projekts.

Erstellen eines neuen Projekts hilft bei der Einrichtung eines neuen Projekts. Dabei werden Projektinformationen abgefragt, eine gegliederte Liste von Vorgängen erstellt und einzelne Vorgänge miteinander verknüpft.

Arbeiten mit Spalten unterstützt bei der Erstellung von Tabellen.

Festlegen der Standard Einstellungen hilft bei der Festlegung der Standardparameter für ein Projekt.

Beseitigen von Ressourcenkonflikten stellt fest wo in dem Projekt Ressourcenkonflikte auftreten und macht Vorschläge zur optimalen Ausnutzung der Ressourcen.

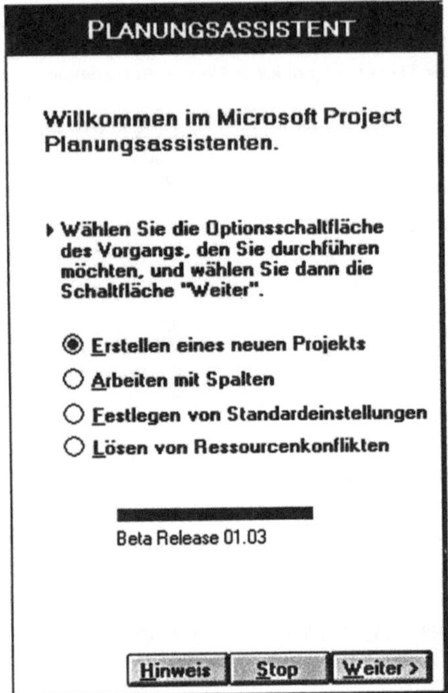

Abb. 13-4 Der Planungsassistent des Hilfemenüs

13.4 Info

Die Auswahl ***Info*** gibt einen Statusbildschirm aus, in dem die wichtigsten Systemparameter des PC sowie der eingetragene Benutzer und die Seriennummer der installierten MS- Projektversion angezeigt werden..

Abb. 13-5: Ausdruck des Info-Fensters

Glossar

%abgeschlossen.	Feld zur Eingabe oder Betrachtung, das zeigt, welcher prozentuale Anteil eines Vorgangs bereits durchgeführt worden ist.
Abweichung.	Unterschied zwischen den "Geplant-Feldern" und den "Kalkuliert-Feldern". Die Felder "Anfangsabweichung", "Endabweichung", "Arbeitsabweichung", "Kostenabweichung" und "Abweichung der Dauer" sind Abweichungsfelder. Aus den Ergebnissen kann man erkennen, ob der Projektplan eingehalten wird.
Aktiv.	Objekt, das vom nächsten Befehl oder von der nächsten Eingabetätigkeit beeinflußt wird.
Aktivität.	Aktivitäten sind zeitbeanspruchende Elemente, die durch Pfeile dargestellt werden. Es gibt auch Scheinaktivitäten, die eine Reihenfolge und die Terminbedingungen wiedergeben.
Ansicht.	Optische Darstellungsweise der Vorgänge und Ressourcen in einem Projekt.
Arbeitspaket.	Teil eines Projektes, der im Projektstrukturplan nicht weiter aufgegliedert werden kann und auf einer beliebigen Gliederungsebene liegen kann.
Anschlußverbindung.	Verbindung zweier Knoten verschiedener Netzpläne.
Balkendiagramm.	Gantt-Diagramm. Jeder Vorgang wird als Balken entlang einer Zeitskala dargestellt. Der Zustand des Vorgangs (abgeschlossen, kritisch usw.) wird durch die grafische Gestaltung des Balkens dargestellt. Das Balkendiagramm enthält außerdem eine Tabelle mit Spalten, die Vorgangsinformationen enthalten.
Basisplan.	Ursprünglicher Projektplan. Durch das Abspeichern dieses ersten Projektplanes und dem Vergleich mit dem, was tatsächlich eintrifft, ist die Möglichkeit gegeben, den Projektfortschritt zu kontrollieren. MS-Project verwendet zur Erstellung des Basisplans den Befehl **Option Geplant festlegen.**
Belastungsausgleich	Ein Belastungsausgleich von Ressourcen kann dann vorgenommen werden, wenn die Durchführung bestimmter Vorgänge verspätet werden soll, um auf diese Weise den Konflikt

übermäßiger Ressourcenzuteilung zu lösen. Wird die Ressourcenkapazität überschritten, kann der Belastungsausgleich der Ressourcen verwendet werden, damit die Ressource nur innerhalb ihrer Kapazität zugeteilt wird.

Benutzeroberfläche. Schnittstelle zwischen Benutzer und Informationssystem. Es werden befehlsorientierte, menüorientierte und symbolorientierte Benutzeroberflächen unterschieden.

Betriebssystem. Unter einem B., auch Systemsoftware, wird der residente Teil der Software eines Computers verstanden, der die Verwaltung der Hardware für den Betrieb eines Computers und die Ausführung der Anwendungsprogramme vornimmt

Ein B. ist somit der Übersetzer zwischen dem Anwender und dem Computer. Ein B. besteht aus bestimmten Grundprogrammen, die ständig im Arbeitsspeicher des Computers gespeichert sind und dort Speicherkapazitäten dauerhaft belegen. Die restlichen, zum Betriebssystem gehörenden Programme, werden in einem externen Speicher untergebracht und nur bei Bedarf aktiviert. Ohne B. kann ein Computer beispielsweise keine Zeichen durch die Tastatur empfangen. Ebenso notwendig ist ein B., um dem Anwender eine Schnittstelle zu dem Bildschirm zur Verfügung zu stellen. Im Gegensatz zu den Anwendungsprogrammen bearbeiten B. allgemeine Probleme, die sich immer wieder stellen (z.B. Kopieren von Daten, Anzeige vorhandener Dateien, Starten von Anwendungsprogrammen).

Das B. prägt das Verhalten des Computers, beispielsweise Mehrbenutzer-, Echtzeit-, Batch-, oder Dialogbetrieb. Nach der Komplexität werden Einplatz-B., Mehrprogramm-B. und Mehrbenutzer-B. unterschieden.

Cache. Speichereinheit als Zwischenträger von Daten zweier kommunizierender Funktionseinheiten unterschiedlicher Datenflußgeschwindigkeit. Zur Beschleunigung der Speicherzugriffe wird zwischen dem Hauptspeicher und dem Befehlsprozessor ein Pufferspeicher (Cache) mit der erforderlichen kurzen Zugriffszeit und kleiner Speicherkapazität geschaltet. Cachespeicher sind üblicherweise Halbleiterspeicher mit Zugriffszeiten von 300ns und einer Größenordnung von einem oder mehreren KBytes.

Caching. Methode zur Anhebung der Leistungsfähigkeit von Festplatten und Speicherzugriffen . Beim Caching wird ein Puffer mit sehr schnellen Speicherchips (Cache) eingesetzt, um oft benutzte Speicherbereiche zu speichern und sie ohne die Verzögerung nutzbar zu machen, die durch Such- und Latenzzeiten verursacht wird.

Datei. Grundeinheit zusammengehöriger Daten, die unter einem Namen auf einem Massenspeicher abgespeichert sind.

Datei-Namenserweiterung. Auch Extension, Suffix. Sie bestehen aus drei Buchstaben, die vom Dateinamen durch einen Punkt getrennt sind (z.B. autoexec.bat). Die Extensions geben meist die Eigenschaft bzw. den Zweck der Datei an.

Datei-Verzeichnis. Zusammenfassung von Dateien, um die Übersichtlichkeit zu gewährleisten. Typisch ist z.B. das Zusammenfassen aller Dateien eines Benutzers oder das Trennen von Programm-Verzeichnissen und Daten-Verzeichnissen. Auch das Betriebssystem wird in ein gesondertes Verzeichnis gespeichert. Auf Personal Computern werden üblicherweise Dateien und Verzeichnisse in einer Baumstruktur abgespeichert.

Daten. Zeichen, Informationen oder nach DIN 44300: "durch Zeichen oder kontinuierliche Funktionen auf Grund bekannter oder unterstellter Abmachungen dargestellte Informationen."

Datenbank. Organisationsform der Datenspeicherung. Eine Datenbank besteht meist aus mehreren Dateien; sie zeichnet sich vor allem durch Vermeidung mehrfacher Speicherung derselben Daten aus, Unabhängigkeit von Programmen sowie durch mehrere Zugriffspfade usw. Mehrere informationstechnisch miteinander verbundene Datenbanken bilden ein Datenbanksystem.
Eine relationale Datenbank geht auf die Anwendung von Tabellen zurück. Relationale Datenbanken zeichnen sich durch die Möglichkeit einer einfachen Speicherung aus.

Alle Beziehungen sind (implizit) realisierbar, jedoch Abfragen umständlich. Die verwendeten Tabellen halten Spalten und Zeilen; jede Zeile hat hierbei einen eindeutigen Namen, da sie voneinander verschieden sind; die Spalten sind homogen. Jede Eintragung in eine Tabelle ist ein Datenfeldwert. Zeilen oder Spalten können in beliebiger Reihenfolge betrachtet werden. Eine Tabelle wird als Relation bezeichnet, Spalten heißen Domänen, Zeilen heißen Tupel. Ein eindeutiger Primärschlüssel identifiziert die Tupel; alle anderen Felder sind nicht eindeutige Sekundärschlüssel.

Relationale Datenbanken bestehen aus einer Menge von zweidimensionalen Tabellen und den dazu nötigen Operationen um zwei Funktionen ausführen zu können (Spaltenauswahl und Verbinden von Tabellen).

Datenträger. Medium, auf dem Daten aufgezeichnet und aufbewahrt werden (Festplatte, Streamer, Diskette usw.). Im PC-Bereich handelt es sich vorwiegend um Festplatten und Disketten; im Bereich der Workstations um Festplatten und Streamer.

DIN. Deutsches Institut für Normung. DIN arbeitet als Mitglied von ISO an der Entwicklung von OSI-Standards in zahlreichen Arbeitsgruppen aktiv mit. Das DIN-Institut hat neben der Mitarbeit in ISO auch die Aufgabe, Standardisierungspapiere oder Vorab-Veröffentlichungen an interessierte Anwender, Hersteller oder auch Privatpersonen weiterzugeben.

Diskette. Datenspeicher, in der Regel eine biegsame Scheibe aus Plastikmaterial, die eine dünne magnetische Schicht trägt. Die Scheibe befindet sich in einem Kuvert (Jacket). Sie wird mit diesem in das Laufwerk des Computers gesteckt. Sie rotiert dort in ihrem Umschlag.

Disketten-Laufwerk. Auch Floppy-Disk-Drive, FDD. Disketten-Laufwerke sind sogenannte externe Massenspeicher. Meistens sind es zwei "FDD"s, mit denen ein Personal Computer ausgestattet ist. In der Regel besitzt ein Mikrocomputersystem mindestens ein Laufwerk zum Datenaustausch, oft ergänzt durch ein Festplattenlaufwerk. FDDs bieten wahlfreien Zugriff auf die Daten und eine relativ hohe Speicherkapazität bei zumeist ausreichend niedriger mittlerer Zugriffszeit. Normausschüsse wie ANSI und

ECMA normten Schnittstelle, Medium und z.T. das Aufzeichnungsverfahren. 1980 wurde das erste 96 tpi Mini-FDD mit einer Kapazität von 1 MB vorgestellt. Die 5.25"-Laufwerke wurden in ihrer Entwicklung mit sechs verschiedenen Kapazitäten hergestellt: 125 KB, 250 KB, 500 KB, 1 MB, 1.6 MB und 3.3 MB (unformatiert). In den Jahren 1983/84 wurde das 3.5"-Format entwickelt. Sony war eine der ersten Firmen, die diese Laufwerke produzierte. Die 3.5"-Laufwerke sind in sechs verschiedenen Kapazitäten lieferbar: 125 KB, 250 KB, 500 KB, 1 MB, 2 MB und 4 MB. Die 3.5"-Laufwerke wurden zunächst häufig in den tragbaren Personal-Computern eingebaut. Für netzunabhängige "Laptops" wurden 3.5"-Laufwerke mit Batteriebetrieb entwickelt (mit CMOS-Technologie). Die 3.5"-Laufwerke verwenden ebenfalls die 5.25"-Schnittstelle; sie können somit problemlos ausgetauscht werden.

DOS. Disk Operation System. Betriebssystem für Personal Computer. Das Betriebssystem MS-DOS wird unter dem Namen PC-DOS auf dem IBM-PC eingesetzt. PC-DOS enthält Erweiterungen bezüglich der Kommandos und unterscheidet sich von MS-DOS in der Peripheriesteuerung, die auf den IBM-PC abgestimmt ist.

EGA. Enhanced Graphics Adapter. Hochauflösende Farbgrafikkarte, die es erlaubt, je nach Ausführung, verschiedene Grafik- oder Textmodi zu emulieren (z.B. CGA, MDA, HGC). Der EGA-Modus bietet im Grafikmodus eine Darstellung von bis zu 640 x 350 Bildpunkten. Bei vollem Ausbau des Bildspeichers (256 KByte) erlaubt EGA eine Auswahl von 16 gleichzeitig darstellbaren Farben aus einer Palette von 64 Farben. Im Textmodus können entweder 80 x 25 Zeichen oder 40 x 25 Zeichen dargestellt werden.

EMS. Expanded Memory Specification. Erweiterte Speicherspezifikation, die es erlaubt, daß auch PC-XT mit mehr als 1 MByte Arbeitsspeicher ausgerüstet werden können. EMS wird von dem Betriebssystem MS-DOS ab der Version 4.0 unterstützt. Dieser Standard erlaubt Programmen ihre Daten im erweiterten Speicher abzulegen. EMS wurde von den Firmen Lotus, Intel und Microsoft entwickelt, was dazu führte, das EMS auch als LIM bezeichnet wird.

Ereignis. Die wichtigsten Elemente von Netzplänen sind Ereignisse (Termine), die durch numerierte Knoten wiedergegeben werden. Ereignisse haben als Zeitpunkte keine zeitliche Ausdehnung. Sie geben an, wann Teilvorgänge beendet sind und andere Vorgänge beginnen können.

Ereignisknoten-Netzplan. Netzplan, nach einem Verfahren, bei dem vorwiegend Ereignisse beschrieben und durch Knoten dargestellt werden.

Expanded Memory. Paged Memory, Speicherbereich jenseits der 640-KByte Grenze, der von speziell angepaßten Programmen genutzt werden kann. Der Schlüssel, der diesem Bereich für Anwendungsprogramme aufsperrt, ist das Bank-Switching. Allerdings müssen Anwenderprogramme dafür umgeschrieben werden. Da es viele Möglichkeiten gibt, Bank-Switching zu betreiben, entschlossen sich Lotus, Intel und Microsoft den LIM-EMS-Standard zu definieren. Dabei werden die Daten aus dem Bereich über 1 MByte in ein 64 KByte großes Fenster im 384-KByte-Bereich geschrieben, das seinerseits in vier Seiten (Pages) zu je 16 KByte unterteilt ist und von dort aus gelesen. EMS 4.0 unterstützt bis zu maximal 32 MB. Für den LIM 4.0 benötigen die Anwendungen einen eigens entwickelten Treiber AQA-EEMS.

Extended Memory. Speicherbereich zwischen 1 und 16 MByte, der nur von 80286- und 80386-Prozessoren im Protected Mode direkt adressierbar ist. Zwar können Multiuser- und Multitasking-Betriebssysteme diesen Bereich unter DOS nutzen, jedoch dient er lediglich, dazu dort RAM-Disks oder Druckerspooler anzulegen.

Festplatte. Ein permanentes Speichermedium des Computers. Die Magnetköpfe der Festplatte schweben im Abstand von ca. 0.001 mm über der Plattenoberfläche. Der Kopf ist der elektrische Baustein, der die mechanischen Lese- und Schreiboperationen auf der Oberfläche der Festplatte vollzieht. Die Platten drehen sich ständig mit 3.600 UpM. Eine Festplatte ist normalerweise in konzentrische Spuren aufgeteilt. Der Festplatten-Controller ordnet jeder Datei auf der Platte eine Adresse zu, bestehend aus Kennziffer für Plattenoberfläche, Spur und Sektor oder Kopfnummer, Zylinder und Byte-Adresse. Die Synchronisationsfelder synchronisieren die Leselogik und geben Anweisung, welche Bits als gesetzt und welche als nichtgesetzt zu lesen sind.

Bei der sog. "Low-Level-Formatierung" werden die Spuren in Sektoren unterteilt, indem auf der Platte Sektormarken angelegt werden, die den Beginn eines jeden Sektors anzeigen. Die Bewegung des Lesekopfes vollzieht sich entweder mit einem Schrittmotor, der den Kopf in gleichlangen Schritten zur gewünschten Spur führt; oder mittels sog. Servotechnik mit einem Linearmotor, der eine stufenlose Bewegung mit höherer Geschwindigkeit erlaubt. Bei dieser Analog-Technik sind aber Ortsinformationen notwendig, nach denen wieder gesucht werden muß. Stattdessen wurde eine Technik entwickelt, die das direkte Suchen nur noch bei Bewegungen in der Breite erfordert, ansonsten rechnet ein Regulierungs-Algorithmus jede gewünscht Position aus. Gängige Festplatten-Kapazitäten bei Personal Computern sind 20 bis 120 MB. Bei Workstations sind es mehr als 300 MB, da Workstation-Anwendungen in der Regel sehr speicherintensiv sind.

Filter. Eine oder mehrere miteinander verknüpfte Kriterien, die bei Anwendung eines Filters MS-Project mitteilen, welche Vorgänge oder Ressourcen angezeigt werden sollen.

Frühester Anfang. Frühester Termin, an dem ein Vorgang beginnen kann.

Frühestes Ende. Frühester Termin, an dem ein Vorgang enden kann.

GB. Gigabyte. 1 GB = 1024 MB.

Hardware. Bezeichnung für alle physisch vorhandenen Baugruppen und Geräte eines Computers, die "hart", d.h. unveränderliche Bestandteile sind. Es handelt sich hierbei um mechanische und elektronische Baugruppen. Hierzu gehören beispielsweise Bauteile wie Platinen, Speicherbausteine, Steckplätze, Graphikkarten, Netzteil usw. Auch die Peripherie- (Umgebungs-) Geräte, wie beispielsweise ein Drucker, gehören hierzu. Das andere wichtige Element eines Computers ist seine Software, die auf der Hardware ausgeführt wird. Interne Abläufe eines Computers wie beispielsweise Eingabe, Ausgabe, Steuerung und Speicherung werden durch Hardware realisiert. Funktionen, die von außen beinflußbar sein müssen, werden mit einer Kombination aus Hard- und Software realisiert.

IBM. International Business Machines Corporation. Bedeutender Hersteller von DV-System. In Deutschland seit 1910 vertreten durch die IBM Deutschland GmbH. IBM war in Deutschland der Wegbereiter für den Durchbruch der Personal Computer. Heute vertreibt IBM als Personal Computer die PS/2-Familie.

Ikone. Icon. Symbol in graphischen Benutzeroberflächen.

Intel. Amerikanisches Computerunternehmen, das in erster Linie Mikroprozessoren entwickelt und vertreibt. Die Prozessoren werden im PC als Zentralprozessor eingesetzt. Intel entwickelte u.a. die Prozessoren 8088, 8086, 80286, 80386, 80486 und 80586. Die Standardprozessoren besitzen die Erweiterung DX. Prozessoren mit reduzierter Busbreite werden mit SX gekennzeichnet.

Kalender. Als Projektkalender bzw. Basiskalender wird das Ergebnis der Zuordnung von projektspezifischen Zeiteinheiten (z.B. Arbeitstag, Arbeitsschicht) zu den Intervallen eines oder mehrerer vereinbarter Kalender bezeichnet. Als Ressourcenkalender wird das Ergebnis der Zuordnung betriebsspezifischer Zeiteinheiten (z.B. Arbeitstag) zu den einzelnen Ressourcen (z.B. Mitarbeiter Müller, Maschine A) verstanden.

Kalkulierter Anfang. Termin, an dem ein Vorgang - dem Projektplan entsprechend - beginnen soll. MS-Project berechnet diesen Termin auf der Grundlage der Vorgangsbeziehungen, Einschränkungen, Kalender und weiterer Informationen. Dieser Termin kann jedoch auch selber eingegeben werden, wobei dann automatisch ein Einschränkungstermin für den Anfang des Vorgangs festgelegt wird. Für eine Ressource zeigt dieses Feld den Termin, an dem die Ressource laut Kalkulation die Arbeit an diesem Vorgang anfangen soll.

Kalkuliertes Ende. Termin, an dem ein Vorgang dem Projektplan entsprechend enden soll. MS-Project berechnet diesen Termin auf der Grundlage der Vorgangsbeziehungen, Einschränkungen, Kalender und weiterer Informationen. Dieser Termin kann jedoch auch selber eingegeben werden, wobei dann automatisch ein Einschränkungstermin für das Ende des Vorgangs festgelegt wird. Für eine Ressource zeigt dieses Feld den Termin, an dem die Ressource laut Kalkulation die Arbeit an diesem Vorgang enden soll.

Knoten. Darstellungselement zur Beschreibung eines Verknüpfungspunktes. Je nach Netzplanverfahren symbolisiert der Knoten ein Ereignis bzw. einen Vorgang. Es gibt Start-, Ziel-, Sammel-,

Verzweigungs- und Anschlußknoten. Ein Knoten ist also ein Kästchen im Netzplan-Diagramm, das einen Vorgang darstellt und Informationen über diesen anzeigt.

Konfiguration. Anlagen-Konfiguration, Hardware-Bestandteile, Hardware-Konfiguration, Systemkonfiguration; bezeichnet 1. die Zusammensetzung der Hardware eines Computersystems und 2. die Einstellung eines Computersystems auf die angeschlossenen Umgebungs-(Peripherie)Geräte (beispielsweise Drucker). Eine Konfiguration ist somit die Zusammenstellung einer Gruppe von Maschinen, Einheiten und Programmen, die ein EDV-System, Netzwerk oder ein Datenfernverarbeitungssystem bilden. Die einzelnen Elemente einer Konfiguration können Produkte eines Herstellers oder aber auch mehrerer verschiedener Hersteller sein. Die Zusammenstellung der Konfiguration richtet sich nach dem Einsatzzweck des Computers und der zur verarbeitenden Datenmenge. Das Einstellen des Rechners auf die Belange seiner unterschiedlichen Bestandteile wird als "konfigurieren" bezeichnet.

Kritischer Weg. Weg, auf dem Ereignisse bzw. Vorgänge so angeordnet sind, daß die gesamte Pufferzeit ein Minimum ist.

Kritischer Vorgang. Vorgang auf dem kritischen Weg. Kritische Vorgänge haben keine Pufferzeiten und können nicht verzögert werden, ohne den Projektendtermin zu verzögern.

Maus. Ein meist auf Rollen gleitendes Eingabegerät, das auf dem Tisch hin und her bewegt wird, um den Cursor oder ein anderes Markierungssymbol auf dem Bildschirm zu steuern. Optische Mäuse arbeiten ohne bewegliche Teile. Das Mausgehäuse gleitet über eine spezielle Oberfläche mit aufgedruckter Rasterstruktur, die von einem optischen Sensor im Innern der Maus abgetastet und in Bewegungsinformation umgesetzt wird. Den eigentlichen Bewegungssensoren sind mechanische Übertragungen durch eine Rollkugel vorgeschaltet. Es handelt sich also eigentlich um ein optomechanisches Prinzip. Die Rollkugel ist meist mit Silikon überzogen, um die Reibung zu erhöhen und den Kontakt zur Unterlage zu verbessern.

MB. Mega Byte. 1 MByte = 1.024 KByte

Meilenstein. Vorgang mit einer Dauer von 0 Zeiteinheiten. Er wird verwendet, um Eckpunkte eines Projektes zu fixieren. In MS-Project können jedoch auch Vorgänge mit einer anderen Dauer als 0 als Meilensteine gekennzeichnet werden.

Menü. Eine Bildschirmübersicht zur Auswahl von Computer- und Programmfunktionen. Menüs dienen der Benutzerführung und sind ensprechend der Funktionsvielfalt und -struktur in mehreren Ebenen angelegt und logisch verknüpft (Haupt-, Unter-, Hilfsmenüs).

Monitor. 1. Bildschirm. Datensichtgerät zur Darstellung von Texten und Graphiken. Einteilen lassen sich Monitore durch die nachstehenden Kriterien: Größe, Diagonale des Bildschirms von 12" bis 21", Darstellungsart Monochrome (schwarz/weiß, grün, bernstein) und Farbe, Anschlußprinzip TTL oder Analog, Max. Auflösung 640 x 200 bis 1280 x 1280 Bildpunkte, Darstellbare Auflösung. Festfrequenz-Monitore mit einer einzigen horizontalen Ablenkfrequenz und Multisync- bzw. Multiscanmonitore, die sich automatisch an die verschiedenen Frequenzen, die eine Graphikkarte benötigt anpaßt. 2. Steuerprogramm, welches die laufende Überwachung und Kontrolle eines Computersystems übernimmt und beispielsweise als Teil des Betriebssystems mittels Steuerinformationen die Abarbeitung einer Folge eigenständiger Programme regelt. 3. Datentyp der Programmiersprache Concurrent Pascal, der die Abarbeitung des gleichen Programms durch verschiedene Prozesse bzw. Prozessoren regelt. 4. Funktion eines Teilnehmers in einem LAN mit Ring-Topologie, der zuständig ist für die Sicherstellung der Kommunikation im Ring. Zu jedem Zeitpunkt muß es genau einen aktiven Monitor geben, jeder Teilnehmer muß in der Lage sein, beim Ausfall des aktiven Monitors dessen Rolle zu übernehmen.

Monitoranschluß. Der Anschluß an der Graphikkarte eines Personal Computers oder einer Workstation erfolgt normalerweise entweder über einen 9poligen Sub-D-Stecker bei TTL-Monitoren oder einen 15poligen Sub-D-Stecker bei Analogmonitoren.

Multitasking. Multiprocessing, Mehrprogrammbetrieb; unter Multitasking wird die Eigenschaft eines Computers verstanden, bei dem mehrere "Tasks", Abfragen, Routinen, gleichzeitig, d.h. für den

Nutzer unbemerkt, zeitversetzt ablaufen können. Durch geschickte zeitliche Verschachtelung der einzelnen Programmabläufe wird so die CPU optimal genutzt. Multitasking findet sich sowohl bei Einplatz- als auch bei Mehrplatzsystemen. Multitasking erfordert spezielle Hardwareeinrichtungen (Register, Interruptmechanismus) und die entsprechenden Betriebssysteme, die diesen Ablauf koordinieren.

Multiusing. Mehrbenutzerbetrieb eines Computers; ist dann gegeben, wenn sich ein Computer von mehreren Anwendern gleichzeitig benutzen läßt. Die Computer verfügen überlicherweise über eine Steuereinheit, die in der Lage ist, die Rechenzeit der Programmsteuerung laufend in kurzen Zeitabschnitten mehreren Programmen oder Anwendern zur Verfügung zu stellen. Der Anwender bemerkt dies nicht; vielmehr hat er den Eindruck er arbeite alleine am Computer.

Netzplan. Das DIN definiert die Netzplantechnik wie folgt: "Alle Verfahren zur Analyse, Beschreibung, Planung, Steuerung, Überwachung von Abläufen auf der Grundlage der Graphentheorie, wobei Zeit, Kosten, Einsatzmittel und weitere Einflußgrößen berücksichtigt werden können." Alle Teilaufgaben eines Projektes werden mit einem Netzplan grafisch dargestellt, damit schließt der Netzplan an den Projektstrukturplan an. Es werden hierbei verrichtungs-, objekt- und zeitorientierte Abhängigkeiten aufgezeigt und ausgewertet. Die Ablaufplanung innerhalb eines Projektes wird mit einem Netzplan vorgenommen. Der Netzplan begleitet das Projekt, von der Vorplanungs-Phase bis hin zur Realisierung bzw. Einführung. Der Netzplan ist in Deutschland durch die DIN 69900 festgelegt. Die wichtigsten Elemente von Netzplänen sind Ereignisse (Termine), die durch numerierte Knoten wiedergegeben werden.

Ereignisse haben als Zeitpunkte keine zeitliche Ausdehnung. Sie geben an, wann Teilvorgänge beendet sind und andere Vorgänge beginnen können. Aktivitäten sind dagegen zeitbeanspruchende Elemente, die durch Pfeile dargestellt werden. Es gibt auch Scheinaktivitäten, die Reihenfolge und Terminbedingungen wiedergeben. Zunächst wird festgelegt, welche Tätigkeiten, Arbeitspakete (Vorgänge) bei der Durchführung eines Projektes anfallen. Diese Vorgänge werden, unabhängig von ihrer zeitlichen Folge, geordnet. Es entsteht ein Projektstrukturplan, auch genannt Work-Breakdown-Structure.

Die Summe aller Arbeitspakete repräsentiert den Leistungsumfang des Projektes. Der Projektstrukturplan ist damit eine notwendige Voraussetzung für eine transparente Projektplanung und damit auch für eine Ablaufkontrolle. Wenn der Projektstrukturplan alle Tätigkeiten enthält, werden die Vorgänge in eine Vorgangsliste eingetragen und numeriert. Zu jedem Vorgang muß festgestellt werden, welche Tätigkeit vorher beendet sein muß (Vorgänger), damit der betreffende Vorgang begonnen werden kann. Aus dieser Vorgangsliste wird nun der Netzplan erstellt.

PC. Personal Computer. Computersystem, das in seiner Leistung und Anforderung auf den Endbenutzer ausgerichtet ist und das dieser zu seiner persönlichen Verfügung hat. Üblicherweise ist ein PC mit einem Bildschirm, einer Zentraleinheit, einer Tastatur und Maus, einem Laufwerk (und Festplatte) und einem Drucker ausgestattet. Auf einem PC können sowohl selbst entwickelte Programme (z.B. unter BASIC) genutzt werden als auch Anwenderprogramme (z.B. Tabellenkalkulation, Textverarbeitung, Grafik, Branchenlösungen u.ä.). Mit Kommunikationssoftware ausgestattet können PCs im LAN betrieben werden oder Datenfernverarbeitung nutzen.

Pfeil. Darstellungselement zur Beschreibung eines Sachverhaltes zwischen zwei Knoten. Je nach Netzplanverfahren symbolisiert der Pfeil einen Vorgang und/oder eine Anordnungsbeziehung.

Projekt. Bei einem Projekt handelt es sich um eine sachlich und zeitlich begrenzte Aufgabe, die durch Zusammenarbeit mehrerer Funktionsbereiche eines Unternehmens gelöst werden muß. Hinzu kommen Kennzeichen wie Dringlichkeit, Wichtigkeit, Einmaligkeit und Neuartigkeit der Aufgabe für das gesamte Unternehmen. Dies bedeutet, daß alle eingeführten, permanenten Vorgänge kein Projekt sind. "Unter dem Begriff Projekt sollen ungewöhnliche Vorhaben verstanden werden, die durch einmalige (azyklische) Abläufe, definierbare Anfangs- und Endzeitpunkte, Aufgabenstellung und Zielsetzung, die Beteiligung mehrerer oder zahlreicher Menschen, Arbeitsgruppen, Unternehmen oder Institutionen, und gekennzeichnet sind".

Projektmanagement. Gesamtheit von Führungsaufgaben, -organisation, -techniken und -mittel für die Abwicklung eines Projektes.

Projektphase. Zeitlicher Abschnitt eines Projektablaufs, der sachlich gegenüber anderen Abschnitten getrennt ist.

Projektstrukturplan. Zur Planung der Projektarbeiten muß jedes Projekt in überschaubare Teilaufgaben gegliedert werden. Die Zerlegung der Gesamtaufgabe erfolgt hierbei stufenweise, wobei die Teilaufgaben einander hierarchisch zugeordnet sind. Der Projektstrukturplan umfaßt somit die Gliederung eines Projektes in Unterprojekte, Phasen, Aktivitäten usw. Er ermöglicht die Darstellung der Struktur eines Projektes in Form einer Baumstruktur; mit Codierungen wird die hierarchische Position des jeweiligen Projektelementes festgelegt. Unterste Ebene eines Projektstrukturplans sind definierte Arbeitspakete, die eine Aufgabe beschreiben, die zu einem überprüfbaren Ergebnis führt und einer Organisationseinheit zurechenbar ist, die auch dafür verantwortlich ist. Jede Teilaufgabe ist durch nur zwei Begriffsmerkmale oder Bestimmungselemente gekennzeichnet: durch eine Funktion (Verrichtung) und einen Gegenstand (Objekt), auf den sich diese Funktion bezieht (Fertigung eines Computers). Als Gliederungskriterien sind beide Merkmale in Frage, daher wird von einer erzeugnis- oder objektorientierter Gliederung und von einer verrichtungs- oder funktionsorientierter Gliederung gesprochen.

Eine objektstrukturierte Darstellung zerlegt den Projektgegenstand in seine Bauteile. Umso abstrakter jedoch der Projektgegenstand wird, umso häufiger wird die funktionsorientierte Strukturierung genutzt. Hierbei lassen sich auch organisatorische Gegebenheiten berücksichtigen, soweit eine funktionale Abteilungsgliederung vorliegt. Doch auch dieses Prinzip ist nicht immer geradlinig durchzuhalten. In der Praxis werden daher oftmals Mischsysteme genutzt. Meistens wird so tief gegliedert, daß auf der untersten Ebene des Projektstrukturplans Arbeitspakete entstehen, die Abteilungen, Teams oder anderen zugeordnet werden können. Damit sind die Arbeitspakte (im gesamten Projekt auch Element) die unterste Ebene des Projektstrukturplans, die nicht weiter unterteilt wird.

Mehrere Arbeitspakete lassen sich zu einer Teilaufgabe zusammenfassen. Bei der Dokumentation eines Projektstrukturplanes ist die Verwendung eines dekadischen Nummernsystem unbedingt erforderlich. Der Nummernschlüssel zeigt nicht nur die entsprechende Ebene der Projektstruktur an, sondern ist auch ein wichtiges Hilfsmittel bei der Dokumentation eines Projektes und notwendig, bei einer Unterstützung der Projektarbeiten mittels DV-Instrumentarien.

Pufferzeit. Zeitspanne, um die - unter bestimmten Bedingungen - die Lage eines Ergeignisses bzw. Vorgangs verändert oder die Dauer eines Vorgangs verlängert werden kann. Es gibt drei Pufferzeitarten: Gesamte Pufferzeit, freie Pufferzeit und negative Pufferzeit. Die gesamte Pufferzeit ist die Zeit, um die sich ein Vorgang gegenüber seinen frühesten Terminen verspäten darf, ohne den Abschlußtermin eines Projektes zu beeinflussen. Als freie Pufferzeit wird die Zeit bezeichnet, um die sich ein Vorgang verspäten kann, ohne einen anderen Vorgang zu verzögern. Negative Pufferzeit ist dann gegeben, wenn die Dauer eines Vorgangs länger als die von den kalkulierten Terminen zugelassene Zeit ist.

RAM. Random Access Memory. Speicher mit wahlfreiem Zugriff. Die Speicherzellen sind über eine vorgegebene schaltungstechnisch bedingte Adressierung und im damit bedingten festen Timing les- und schreibbar. Die Organisation kann bit-, byte- oder wortweise erfolgen. Im Normalfall verliert dieser Speicher beim Ausschalten der Stromversorgung seinen Inhalt und muß nach Einschalten des Gerätes neu, beispielsweise von einer Diskette geladen werden. Die RAM-Größe wird in KB angegeben.

RAM-Disk. Übertragung von Daten vom Arbeitsspeicher auf eine simulierte Platte. Tatsächlich werden die Daten im Arbeitsspeicher von der simulierten Platte zu dem Programm übertragen, das sie braucht. Das Arbeitsergebnis ist dasselbe, aber die Geschwindigkeit ist wesentliche schneller - fast um das Zehnfache. Zur Einrichtung einer RAM-Disk braucht man zum einen freien Arbeitsspeicher für die Daten und zum anderen ein entsprechendes Programm, das die Plattenoperationen im Arbeitsspeicher simuliert. Eine temporäre RAM-Disk hat allerdings den Nachteil, daß die Daten relativ verwundbar sind. Bei Stromausfall sind diese Daten verloren. Somit lassen sich in diesem Speichermedium lediglich Daten verarbeiten, nicht aber speichern.

Ressource. Als Ressourcen werden die für das Projekt zur Verfügung stehenden Mittel bezeichnet. Ressourcen können Personal, Ausrüstung und Material sein.

Sammelvorgang. Vorgang in einer Gliederung, der untergeordnete Vorgänge besitzt. Ein Sammelvorgang faßt die Projektplaninformationen der untergeordneten Vorgänge zusammen.

Schnittstelle, serielle. Serielle Schnittstelle übertragen alle Bits nacheinander. Die "V.24"-Schnittstelle ist die am meisten verbreitete Schnittstelle bei Personal Computern. Da sie eine bidirektionalen Datenfluß erlaubt, wird die Schnittstelle für Datenein- und Datenausgaben verwendet. Sie wurde zur Verbindung einer Datenendeinrichtung (DEE) mit einer Datenübertragungseinrichtung (DÜE) definiert. Im Fernsprechnetz erfüllt ein Modem die Funktion der DÜE.

Schnittstelle, parallele. Parallele Schnittstellen übertragen jeweils eine Bitgruppe (z.B. die 8 Bits eines Bytes) gleichzeitig. Diese Centronics-Druckerschnittstelle wird fast von allen Druckerherstellern angeboten. Die eigentliche Nutzdatenübertragung erfolgt hierbei in eine Richtung (unidirektionale Schnittstelle). Die Datenübertragungsrate einer parallelen Schnittstelle ist sehr hoch und wird mit mindestens 1000 Zeichen pro Sekunde angenommen.

Schnittstelle. Interface; Vorrichtung zur Übersetzung und Übertragung von Daten, die es zwei Hardware- oder Softwareeinheeiten ermöglicht, miteinander zu kommunizieren. Die Datenübertragung zwischen einem FDD und dem Controller wird über ein Flachbandkabel mit TTL-Pegeln bewerkstelligt. Die Schnittstellen sind meist im hinteren Teil der FDDs über Steckerleisten ausgeführt, so daß für Service-Zwecke leicht eine Steck-Verbindung zum Rechner hergestellt bzw. unterbrochen werden kann. Für die einzelnen Formate haben sich Standard-Schnittstellen gebildet. Bei 8"-FDDs wird ein 50-poliges Anschlußkabel verwendet. Zwischen den eigentlichen Steuerleitungen sind Masseverbindungen eingeflochten, was zum einen eine gemeinsame Bezugsbasis vom Computer und Diskettenstation sicherstellt und zum anderen ein Übersprechen verhindern soll.

Ferner sind vorhanden: ein Kabel für die 220 V Netzspannung und ein Gleichspannungskabel. Die 5.25"-FDD hat eine 34-polige Zuleitung. Zudem ist eine Gleichstrom-Zuleitung vorhanden. Für die 3.5"-FDD wird von den Herstellern meist die gleiche Schnittstelle wie für die 5.25"-FDDs verwendet. Die am meisten verbreitete Schnittstelle zwischen einem Computer und einem Drucker ist die Centronics-Schnittstelle. Auch der Austausch von Daten zwischen PC und Festplattenlaufwerk erfolgt über die Schnittstellen.

Schnittstellenkarten. Steckkarten für Computer, auf denen die Anschlußstelle für Steckverbindungen, z.B. für den Anschluß eines Druckers, angebracht ist. Früher wurden Schnittstellenkarten benötigt, um überhaupt einen Drucker an einen PC anschließen zu können. Heute jedoch haben alle Rechner mindestens eine Parallelschnittstelle und eine serielle Schnittstelle. Die heutige Technik eines PC ermöglicht theoretisch das Vorhandensein von bis zu drei parallelen Schnittstellen und acht seriellen Schnittstellen.

Software. Bezeichnung für alle Elemente eines Computers, die nicht zur Hardware gehören. Die Speicherung mittels Software erzeugter Daten kann sowohl auf externen Speichermedien (Diskette, Cassette, Festplatte, CD) oder auch in Halbleiterbausteinen (RAMs, ROMs, EPROMs) erfolgen. Software wird in System- und Anwendungssoftware eingeteilt. Systemsoftware, auch Betriebssystem, ist für den unmittelbaren Betrieb des Rechners zwingend erforderlich, während die Anwendungssoftware die Arbeit des Benutzers wesentlich erleichtert bzw. die Arbeit mit dem Computer erst ermöglichet. Nach DIN 44300 gehört die Dokumentation ebenenfalls zur Software. Die Anwendungssoftware enthält alle anwendungsbezogenen Programme, beispielsweise Programme zur Fakturierung, Lagerhaltung, Lohn- und Gehaltsabrechnung usw. Auch auf dem Markt der Personal Computer befinden sich mittlerweile eine Menge solcher Programme sowohl von großen Software-Häusern als auch von kleinen Händlern. Bei der Auswahl solcher, teilweise branchenspezifischer Software, ist unbedingt darauf zu achten, ob die Software-Lösung auch die gesetzlichen Bestimmungen erfüllt (beispielsweise Prüffähigkeit von Buchhaltungs-Software). Darüber hinaus gibt es Programme zur Textverarbeitung, Grafikgestaltung und Tabellenkalkulation. Pakete, die verschiedene Software-Komponenten beeinhalten, werden als integrierte Programme bezeichnet. Meist bestehen sie aus den Programm-Bauteilen wie Tabellenkalkulation, Grafik, Datenbank und Textverarbeitung. Bezeichnend für integrierte Software ist, daß innerhalb der einzelnen Bausteine die Daten relativ einfach weitergegeben werden können.

Spätester Anfang. Spätester Termin, an dem ein Vorgang beginnen kann, ohne das Projektende zu verzögern. Der Termin wird von MS-Project bei der Berechnung des Projektablaufplans kalkuliert.

Spätestes Ende. Spätester Termin, an dem ein Vorgang enden kann, ohne das Projektende zu verzögern. Der Termin wird von MS-Project bei der Berechnung des Projektablaufplans kalkuliert.

Tabelle. 1. Grundstruktur einer relationalen Architektur von Datenbanken. Eine Tabelle besteht aus Datensätzen und Feldern, Zeilen und Spalten. In der Sprache der Datenbanken wird eine Tabelle auch als Relation bezeichnet. 2. Unter MS-Project eine Ansicht, in der zur Informationsdarstellung ein Zeilen- und Spaltenformat verwendet wird.

Tastatur. Keyboard, Eingabekonsole; Geräteteil, aus Tasten bestehend, durch das Informationen in eine EDV-Anlage eingegeben werden. Die Arbeitsweise einer Tastatur beruht auf einem einfachen Prinzip. Unter dem Tastenfeld befindet sich eine aus elektrischen Leitungsbahnen bestehende Matrix. Wenn eine Taste gedrückt wird, schließt sich dadurch ein Kontakt. Die Position der Taste ergibt einen Positionswert, der als Grundlage für den zugeordneten ASCII-Wert dient. Die Tastatur muß vom Bildschirm unbedingt getrennt sein. Die Bauhöhe einer Tastatur sollte möglichst niedrig sein (mittl. Tastenreiche ca. 30 mm); der Neigungswinkel sollte 5" bis 15" betragen. Um Reflexionen zu vermeiden sollte die Oberfläche der Tastatur möglichst matt sein (Reflexionsgrad 40 Prozent bis 60 Prozent). Eine Handballenauflage von mindestens 50 mm Tiefe vor dem Tastenfeld ist unbedingt zu empfehlen.

Teilaufgabe. Teil eines Projektes, der im Projektstrukturplan weiter aufgegliedert werden kann.

Teilprojekt. Projekt, das in einem anderen Projekt verwendet wird, wobei es in diesem als einzelner Vorgang dargestellt wird. Teilprojekte sind für das Unterteilen eines Projekts in verwaltbare Einheiten, die Standardisierung von Vorgängen und die Reduzierung von Arbeitsspeicherbedarf und Erfassungsaufwand nützlich.

Tool. Allgemeiner Begriff für Methoden und Programme, die den Entwurf, das Entwickeln, den Test und die Verwaltung von zu erstellenden Programmen unterstützen.

Untergeordneter Vorgang. Vorgang in einer Gliederung, der unter einen Sammelvorgang herabgestuft worden ist.

Verknüpfung. Erstellung einer Ende-Anfang-Beziehung zwischen Vorgängen. Auch Projekte können miteinander verknüpft sein, wenn es sich um Teilprojekte handelt.

VGA. Video Graphics Array. Grafikkarte mit hochauflösender Bildschirmdarstellung. Nachfolger der EGA-Karte. Der VGA-Standard wurde Anfang 1987 von IBM eingeführt. Der Hauptgrund hierfür war der gestiegene Anspruch der Anwender an ergonomische Qualitäten. Die Auflösung geht bis zu 1024x768 Bildpunkten. Beschränkt man sich bei der Auflösung auf 640x480 Bildpunkte (bei einer Bildwiederholfrequenz von 70 Hertz), dürfen bis zu 256 Farben aus einer Palette von 262144 ausgesucht werden (allerdings nicht bei der Original-IBM-VGA-Karte). VGA erlaubt im höchstauflösenden Modus einen Zeichensatz, der auf 12"- oder 14"-Monitoren bei normalen Leseabständen (50 bis 70 cm) weitgehend ermüdungsfreies Arbeiten durch leichte Lesbarkeit erlaubt.

Vorgang. Ablaufelement eines Netzplanes, das ein bestimmtes Geschehen beschreibt. Hierzu gehört auch die Definition von Anfang und Ende. Es gibt Vorgänger, die einem Vorgang unmittelbar vorgeordnet sind, und Nachfolger, Vorgänge die einem Vorgang nachgeordnet sind. Ferner werden Startvorgänge (Vorgang, zu dem es im betrachteten Netzplan keinen Vorgänger gibt) und Zielvorgänge (Vorgang, zu dem es im betrachteten Netzplan keinen Nachfolger gibt) unterschieden. Als Begleitvorgang wird der einem Projekt oder Projektabschnitt zugeordnete Vorgang bezeichnet, der ohne zeitbestimmende Funktion (z.B. Beratung, Projektüberwachung), für den Anfang und Ende des betreffenden Projektes oder Projektabschnittes die Zeitschranken bildet. Er kann als Träger zusätzlicher Informationen verwendet werden. Ein Ersatzvorgang ist ein Vorgang, der die bei der Netzplanverdichtung zwischen zwei bestimmten Knoten ersetzten Vorgänge repräsentiert. Als Schlüsselvorgang wird ein Vorgang mit einer besonderen Bedeutung definiert.

Vorgangsknoten-Netzplan. Netzplan, bei dem vorwiegend Vorgänge beschrieben und durch Knoten dargestellt werden.

Vorgangspfeil-Netzplan. Netzplan, bei dem vorwiegend Vorgänge beschrieben und durch Pfeile dargestellt werden.

Projektbeispiel "Batta Batterien AG"

Vorgangsliste

Ressourcenliste

Balkendiagramm

Netzplandiagramm

Projektübersicht

Vorgangsliste

zum Projekt Fabrikhalle

Nr.	Name	Dauer	Anfang	Ende	Vorgänger	Ressourcennamen
2	Vermessen des neuen Fabrikgeländes	2w	6.5.92 8:00	19.5.92 17:00		Vermessungsamt
3	Erdaushub	3w	20.5.92 8:00	9.6.92 17:00	2	Bau Huber
4	Bodenplatte betonieren	1,5w	11.6.92 16:00	23.6.92 12:30	3EA+2t	Bau Huber;Beton
5	Stahlgerüst für die Seitenwände setzen	1,5w	23.6.92 13:00	2.7.92 16:00	4	Stahlbau AG
6	Seitenwände anbringen	2w	2.7.92 16:00	16.7.92 16:00	5	Stahlbau AG
7	Zwischenwände mauern	10,25t	30.6.92 15:00	14.7.92 17:00	5EA-30%	Stahlbau AG
8	Fenster und Türen einbauen	2,01w	15.7.92 16:30	29.7.92 16:54	6EA-10%;7EA-10	Schlosserei GmbH
9	Straßen und Gleisbau	3w	23.6.92 13:00	14.7.92 12:30	5AA	Bau Huber[2]
10	Rohbauabnahme	2t	5.8.92 16:54	10.8.92 9:24	8;9	Projektteam
11	Stromanschlüsse legen	5t	10.8.92 9:24	17.8.92 9:24	10	Meier;Skiskibowski
12	Gasanschlüsse legen	5t	10.8.92 9:24	17.8.92 9:24	10	Sanitär Müller
13	Wasseranschlüsse legen	5w	10.8.92 9:24	14.9.92 9:24	10	Sanitär Müller
14	Heizung und Entlüftung einbauen	2w	10.8.92 9:24	24.8.92 9:24	10	Heizungsbau Meier
15	Bauabnahme	5t	14.9.92 9:24	21.9.92 9:24	11;12;13;14	Projektteam
17	Gießmaschine installieren	2w	21.9.92 9:24	5.10.92 9:24	15	
18	Kunststoffspritzanlage installieren	1w	21.9.92 9:24	28.9.92 9:24	15	
19	Batteriebefüllung installieren	1w	21.9.92 9:24	28.9.92 9:24	15	
21	Sicherheitsprüfung	1w	5.10.92 9:24	12.10.92 9:24	17;18;19	Arbeitsgruppe Arbeitssicherheit
22	Probelauf/Test Nachbesserungen	4w	12.10.92 9:24	9.11.92 9:24	21	Fertigungsleitung
23	Endabnahme	5t	7.12.92 9:24	14.12.92 9:24	22	Fertigungsleitung

Seite 1

Ressourcenliste
zum Projekt Fabrikhalle

Nr.	Name	Gruppe	Max	Normalpreis	Überstundenpreis	Kosten	Arbeit
9	Arbeitsgruppe Arbeitssicherh		1	150,00 DM/h	180,00 DM/h	6.000,00 DM	40h
2	Bau Huber		4	60,00 DM/h	80,00 DM/h	25.200,00 DM	420h
12	Beton	Material	1	0,00 DM/h	0,00 DM/h	12.000,00 DM	60h
10	Fertigungsleitung		1	200,00 DM/h	250,00 DM/h	40.000,00 DM	200h
8	Heizungsbau Meier		1	0,00 DM/h	0,00 DM/h	60.000,00 DM	80h
5	Meier		1	40,00 DM/h	60,00 DM/h	800,00 DM	20h
6	Projektteam		1	150,00 DM/h	200,00 DM/h	8.400,00 DM	56h
7	Sanitär Müller		3	70,00 DM/h	110,00 DM/h	16.800,00 DM	240h
4	Schlosserei GmbH		1	60,00 DM/h	80,00 DM/h	4.824,00 DM	80,4h
11	Skiskibowski		1	120,00 DM/h	180,00 DM/h	4.800,00 DM	40h
3	Stahlbau AG		5	60,00 DM/h	80,00 DM/h	15.840,00 DM	236h
1	Vermessungsamt		1	100,00 DM/h	120,00 DM/h	8.000,00 DM	80h

Seite 1

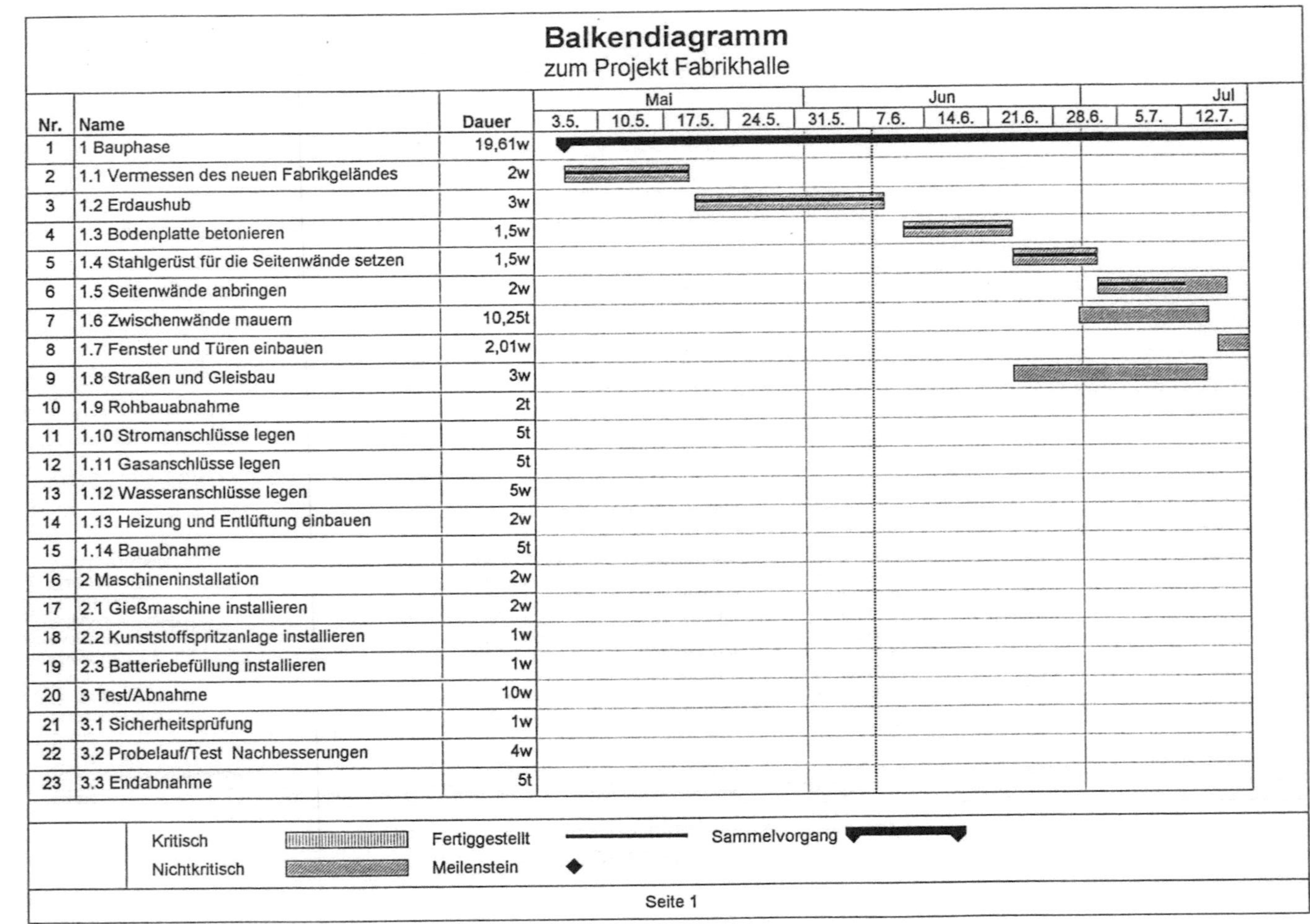

Balkendiagramm
zum Projekt Fabrikhalle

Nr.	Name	Dauer
1	1 Bauphase	19,61w
2	1.1 Vermessen des neuen Fabrikgeländes	2w
3	1.2 Erdaushub	3w
4	1.3 Bodenplatte betonieren	1,5w
5	1.4 Stahlgerüst für die Seitenwände setzen	1,5w
6	1.5 Seitenwände anbringen	2w
7	1.6 Zwischenwände mauern	10,25t
8	1.7 Fenster und Türen einbauen	2,01w
9	1.8 Straßen und Gleisbau	3w
10	1.9 Rohbauabnahme	2t
11	1.10 Stromanschlüsse legen	5t
12	1.11 Gasanschlüsse legen	5t
13	1.12 Wasseranschlüsse legen	5w
14	1.13 Heizung und Entlüftung einbauen	2w
15	1.14 Bauabnahme	5t
16	2 Maschineninstallation	2w
17	2.1 Gießmaschine installieren	2w
18	2.2 Kunststoffspritzanlage installieren	1w
19	2.3 Batteriebefüllung installieren	1w
20	3 Test/Abnahme	10w
21	3.1 Sicherheitsprüfung	1w
22	3.2 Probelauf/Test Nachbesserungen	4w
23	3.3 Endabnahme	5t

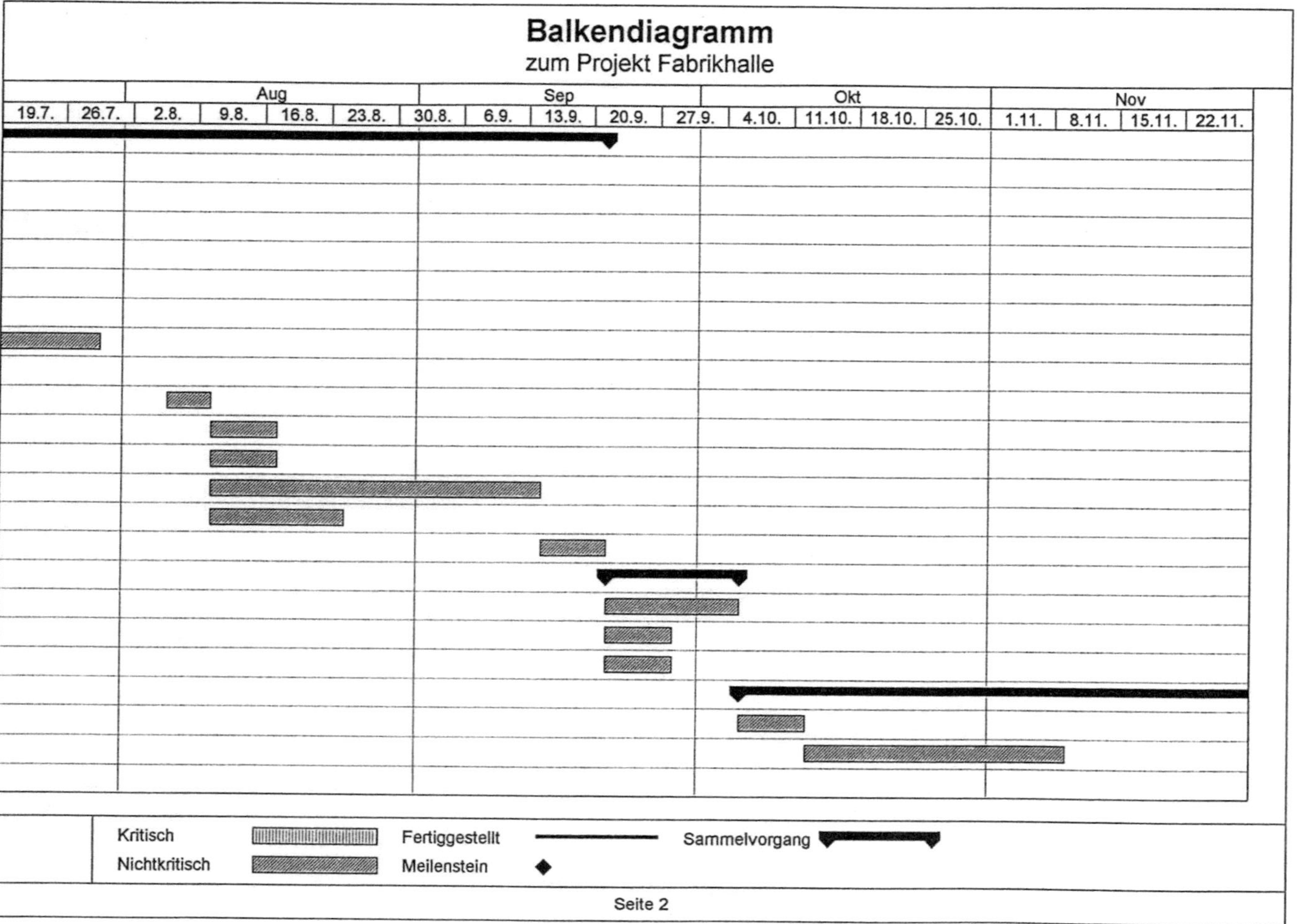
Balkendiagramm
zum Projekt Fabrikhalle
Aug
Sep
Okt
Nov
19.7.
26.7.
2.8.
9.8.
16.8.
23.8.
30.8.
6.9.
13.9.
20.9.
27.9.
4.10.
11.10.
18.10.
25.10.
1.11.
8.11.
15.11.
22.11.
Kritisch
Nichtkritisch
Fertiggestellt
Meilenstein
Sammelvorgang
Seite 2

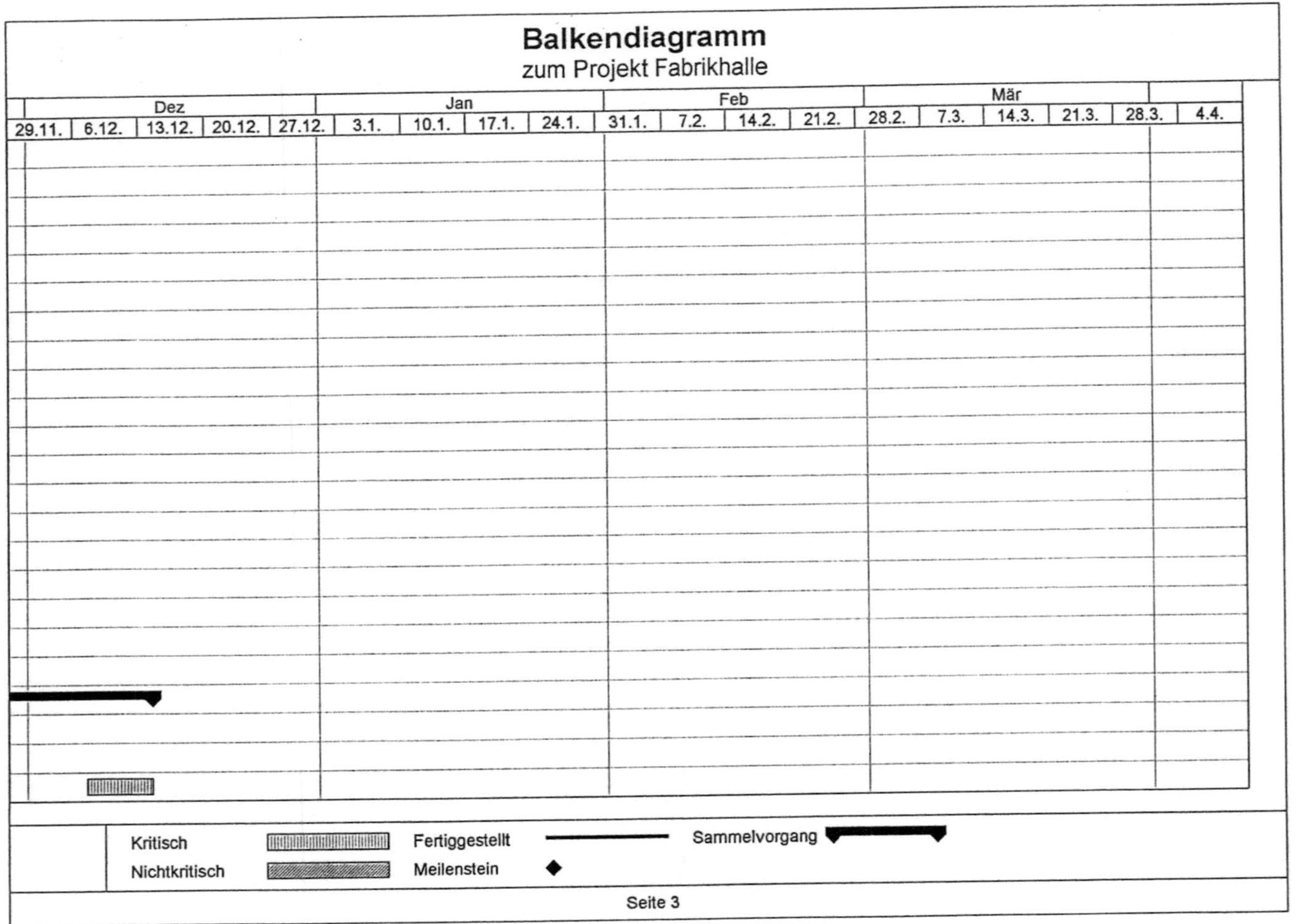
Balkendiagramm
zum Projekt Fabrikhalle
Dez
Jan
Feb
Mär
29.11.
6.12.
13.12.
20.12.
27.12.
3.1.
10.1.
17.1.
24.1.
31.1.
7.2.
14.2.
21.2.
28.2.
7.3.
14.3.
21.3.
28.3.
4.4.
Kritisch
Nichtkritisch
Fertiggestellt
Meilenstein
Sammelvorgang
Seite 3

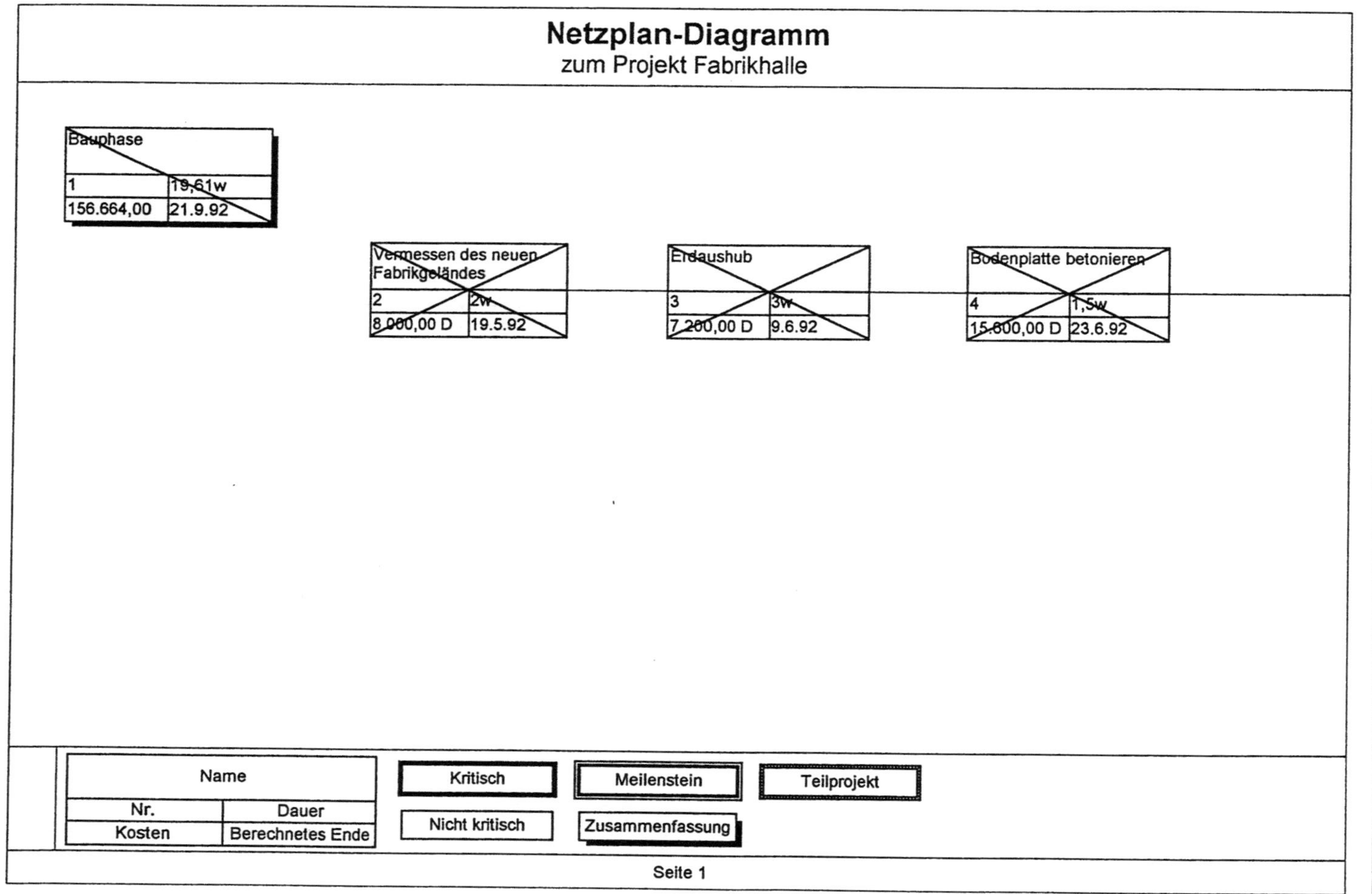
Netzplan-Diagramm
zum Projekt Fabrikhalle
Bauphase
1
19,61w
156.664,00
21.9.92
Vermessen des neuen Fabrikgeländes
2
2w
8.000,00 D
19.5.92
Erdaushub
3
3w
7.200,00 D
9.6.92
Bodenplatte betonieren
4
1,5w
15.600,00 D
23.6.92
Name
Nr.
Dauer
Kosten
Berechnetes Ende
Kritisch
Meilenstein
Teilprojekt
Nicht kritisch
Zusammenfassung
Seite 1

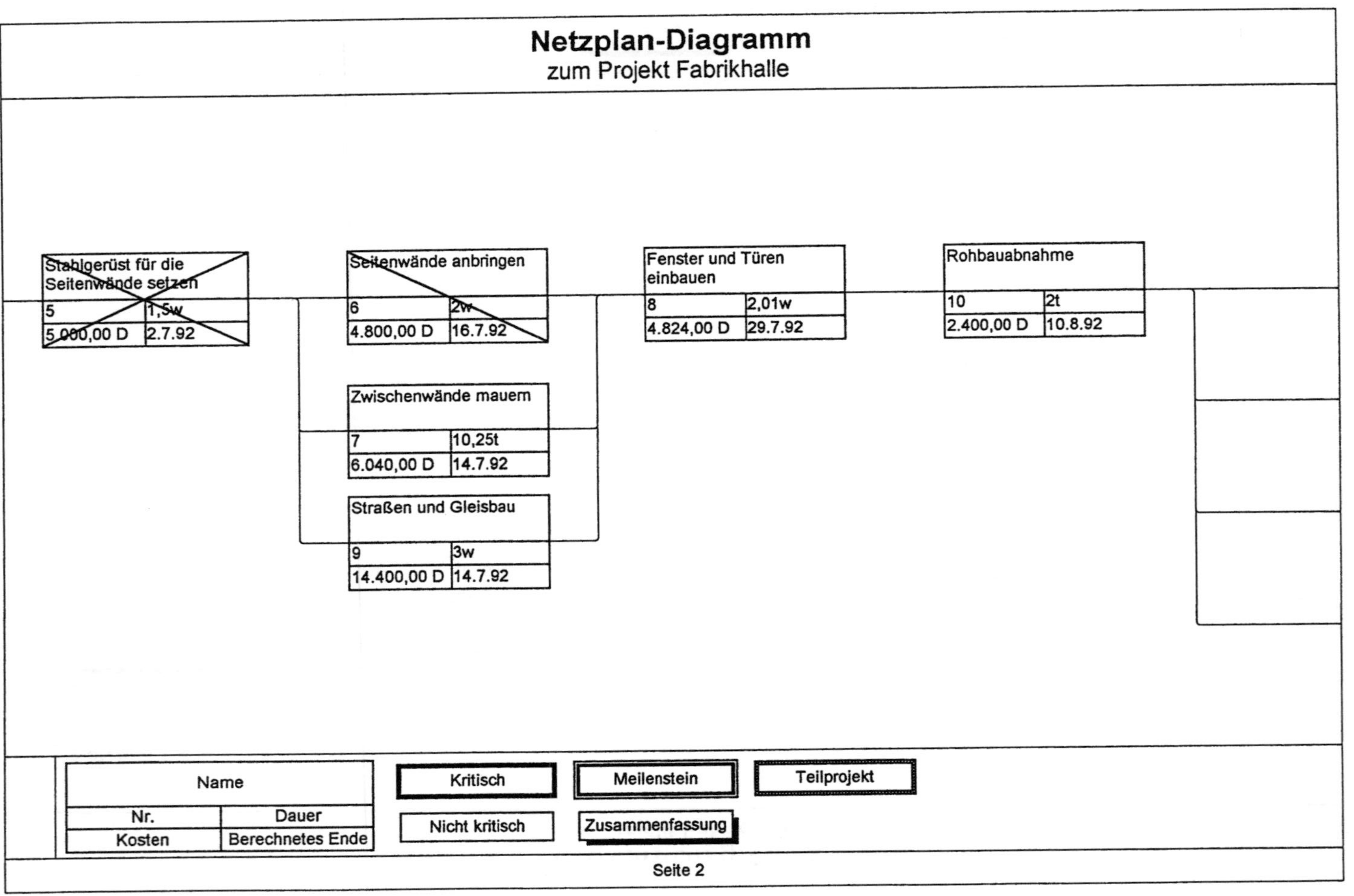
Netzplan-Diagramm
zum Projekt Fabrikhalle
Stahlgerüst für die Seitenwände setzen
5
1,5w
5.000,00 D
2.7.92
Seitenwände anbringen
6
2w
4.800,00 D
16.7.92
Zwischenwände mauern
7
10,25t
6.040,00 D
14.7.92
Straßen und Gleisbau
9
3w
14.400,00 D
14.7.92
Fenster und Türen einbauen
8
2,01w
4.824,00 D
29.7.92
Rohbauabnahme
10
2t
2.400,00 D
10.8.92
Name
Nr.
Dauer
Kosten
Berechnetes Ende
Kritisch
Nicht kritisch
Meilenstein
Zusammenfassung
Teilprojekt
Seite 2

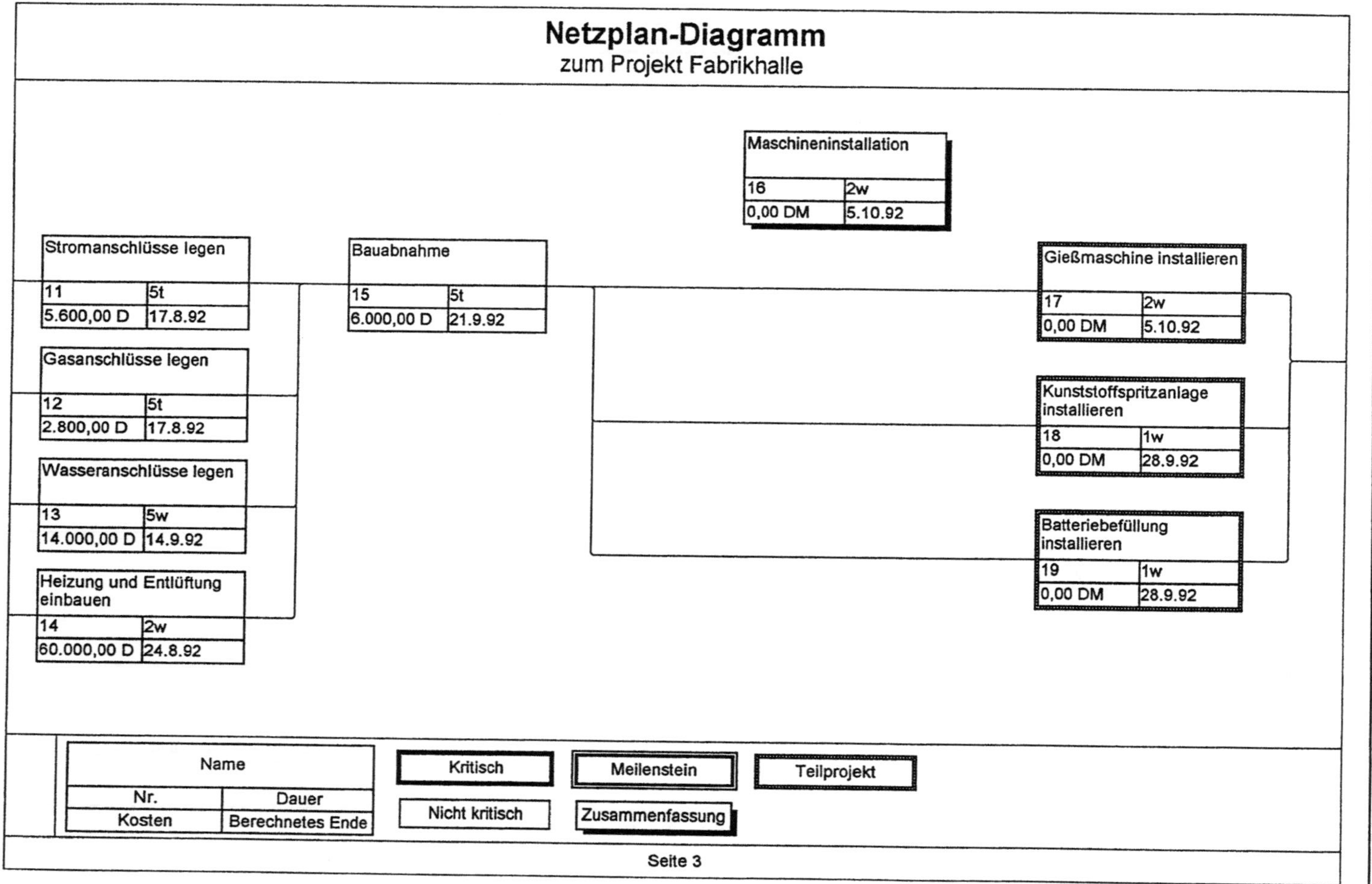
Netzplan-Diagramm
zum Projekt Fabrikhalle
Maschineninstallation
16
2w
0,00 DM
5.10.92
Stromanschlüsse legen
11
5t
5.600,00 D
17.8.92
Gasanschlüsse legen
12
5t
2.800,00 D
17.8.92
Wasseranschlüsse legen
13
5w
14.000,00 D
14.9.92
Heizung und Entlüftung einbauen
14
2w
60.000,00 D
24.8.92
Bauabnahme
15
5t
6.000,00 D
21.9.92
Gießmaschine installieren
17
2w
0,00 DM
5.10.92
Kunststoffspritzanlage installieren
18
1w
0,00 DM
28.9.92
Batteriebefüllung installieren
19
1w
0,00 DM
28.9.92
Name
Nr.
Dauer
Kosten
Berechnetes Ende
Kritisch
Nicht kritisch
Meilenstein
Zusammenfassung
Teilprojekt
Seite 3

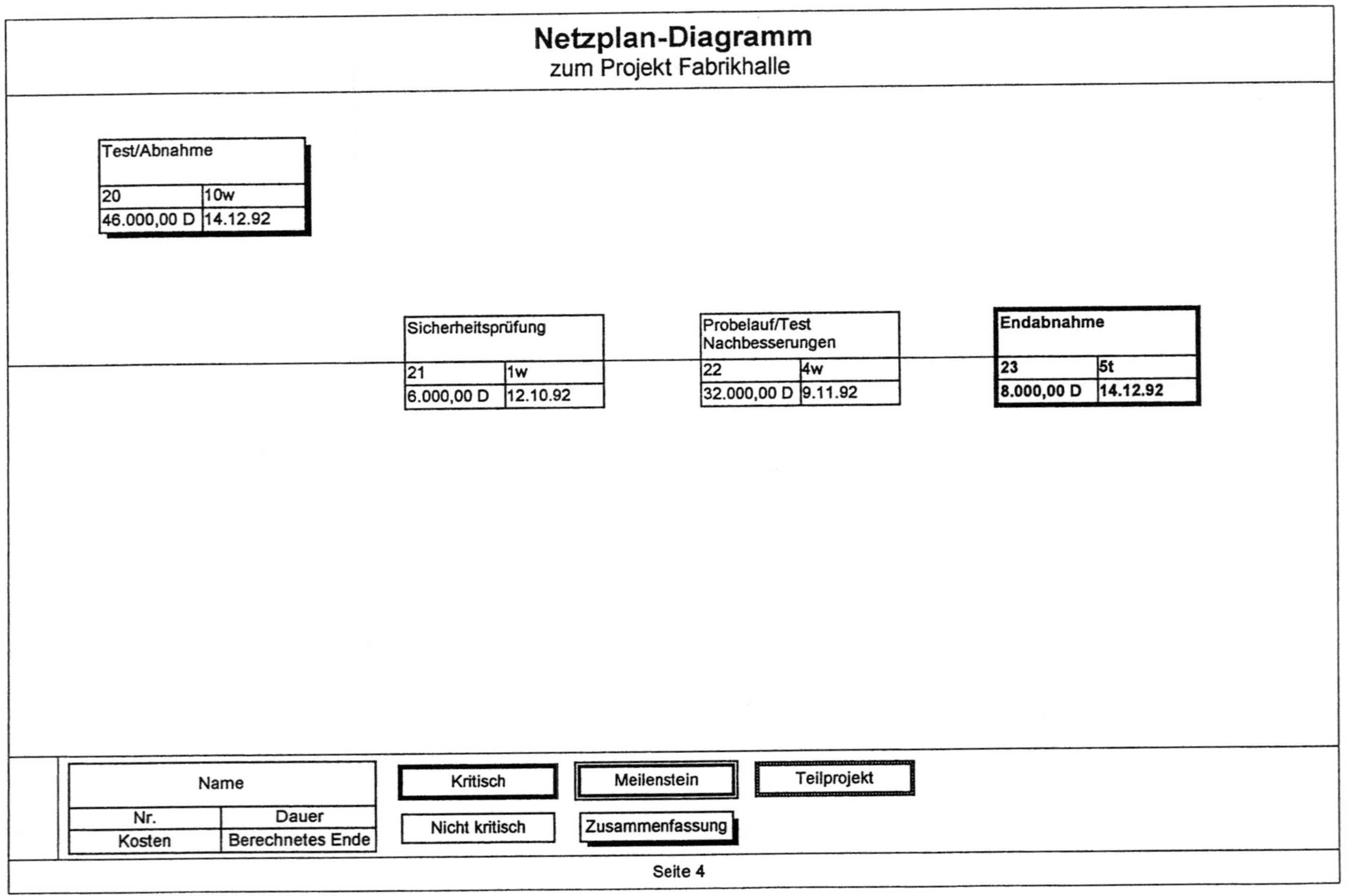
Netzplan-Diagramm
zum Projekt Fabrikhalle
Test/Abnahme
20
10w
46.000,00 D
14.12.92
Sicherheitsprüfung
21
1w
6.000,00 D
12.10.92
Probelauf/Test
Nachbesserungen
22
4w
32.000,00 D
9.11.92
Endabnahme
23
5t
8.000,00 D
14.12.92
Name
Nr.
Dauer
Kosten
Berechnetes Ende
Kritisch
Meilenstein
Teilprojekt
Nicht kritisch
Zusammenfassung
Seite 4

Fabrikhalle
Batta Batterien

wie am 6.5.92 8:00

Termine			
Berechneter Anfan	6.5.92 8:00	Berechnetes Ende:	14.12.92 9:24
Geplanter Anfang:	6.5.92 8:00	Geplantes Ende:	NV
Aktueller Anfang:	6.5.92 8:00	Aktuelles Ende:	NV
Anfangsabweichun	0w	Endabweichung:	0w

Dauer			
Berechnet:	31,61w	Verbleibend:	24,91w
Geplant:	0w	Aktuell:	6,7w
Abweichung:	31,61w	Abgeschlossene Pro	21%

Arbeit			
Berechnet:	1552,4h	Verbleibend:	1117,2h
Geplant:	1572h	Aktuell:	435,2h
Abweichung:	-19,6h	Abgeschlossene Pro	28%

Kosten			
Berechnet:	202.664,00 DM	Verbleibend:	163.552,00 DM
Geplant:	199.760,00 DM	Aktuell:	39.112,00 DM
Abweichung:	2.904,00 DM		

Vorgangsstatus		Ressourcenstatus	
Noch nicht begonnene V	17	Ressourcen:	12
Vorgänge in Arbeit:	2	Überlastete Ressourcen:	0
Vorgänge abgeschlosse	4		
Gesamvzahl Vƒrgänge†	23	Gesamtzahl Ressourcen:	12

Index

A

B

C

D

E

F

G

H

I

K

L

M

N

O,P

Q,R

S

T

U

V

W

Z

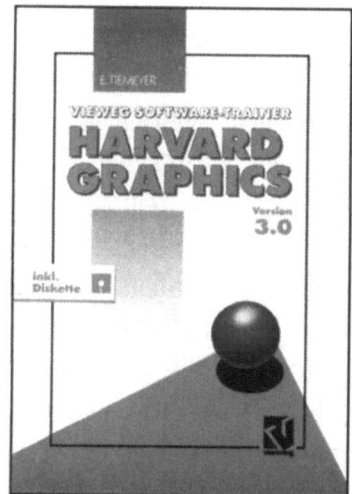

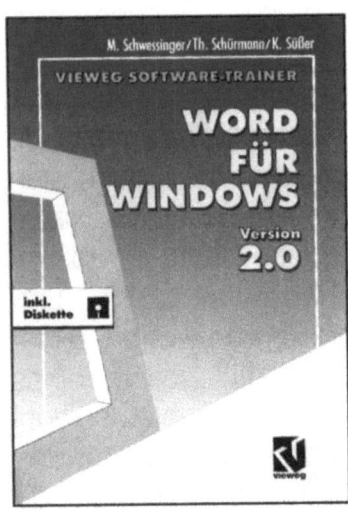

[illegible]
[illegible]
[illegible]
In case Publisher is established outside the EU,
the EU authorized representative is:
Springer Nature Customer Service Center GmbH
Europaplatz 3, 69115 Heidelberg, Germany
Printed by Libri Plureos GmbH
in Hamburg, Germany

MIX
Papier aus verantwortungsvollen Quellen
Paper from responsible sources
FSC® C105338

If you have any concerns about our products,
you can contact us on
ProductSafety@springernature.com

In case Publisher is established outside the EU,
the EU authorized representative is:
Springer Nature Customer Service Center GmbH
Europaplatz 3, 69115 Heidelberg, Germany

Printed by Libri Plureos GmbH
in Hamburg, Germany